湮

吴凡 著

中国文联出版社

图书在版编目（CIP）数据

湮 / 吴凡著 . -- 北京：中国文联出版社，2016.4（2024.6重印）
ISBN 978 - 7 - 5190 - 1401 - 8

Ⅰ.①湮… Ⅱ.①吴… Ⅲ.①吴凡—自传 Ⅳ.
①K825.72

中国版本图书馆 CIP 数据核字（2016）第 084597 号

著　　者　吴　凡
责任编辑　邓友女
责任校对　赵海霞
装帧设计　中联华文

出版发行　中国文联出版社有限公司
地　　址　北京市朝阳区农展馆南里 10 号　　　　邮编　100125
电　　话　010 - 85923025（发行部）　　　　　85923091（总编室）
经　　销　全国新华书店等
印　　刷　三河市华东印刷有限公司

开　　本　710 毫米×1000 毫米　　　1/16
印　　张　13.5
字　　数　229 千字
版　　次　2024 年 6 月第 1 版第 2 次印刷
定　　价　75.00 元

自序

　　仓促的人生，使得人们在起伏跌宕的浪潮中拼搏着。世俗和坎坷，让我感悟到人生在这个世界上不必要计较太多的得失，要努力留下些什么！

　　酷爱大自然的我，虽说欣赏百花争艳的季节，可我更愿做一棵那远山边、石缝中有一把泥土便会默默开放的蒲公英。它矮小可怜的个头上，开放着拇指头大小的花朵，虽说登不上大雅之堂，可它那无私崇高的品格是我一生的追寻。它深情地爱着母亲，它不同群芳争艳，却把一生仅有的养分簇拥成一团美丽精灵的种子，无怨无悔地随风飘去，回归于大地的角落里、石缝中，重复着它那默默的苦乐年华。

　　它那并不富贵的小花芬芳着淡淡的苦味，透着它独有的清香陶醉在山谷里、石缝中，为偶尔踏过它身边的人们带去瞬间的快乐，而感到欣慰和幸福。这就是我，追寻的我。

目录

CONTENTS

第一章

秋天的小路

美丽的东方小巴黎——哈尔滨，秋日里湛蓝湛蓝的天上变化万千的白云总是神奇地飘动着。闲暇时抬头望去，神情投入得会忘却了自己。松花江上稀少的航船点缀着江面，在马达声中懒洋洋地吞吐着浪花，在两岸林中美丽的欧式建筑衬托下，仿佛是哪位艺术大师精致的油画呈现在眼前。在欣赏美景的沉思中，偶尔一声鸣笛使人感到是岁月中的提示。

我和丈夫身着同样过膝的浅灰色风衣，漫步在江岸散落的游人中。丈夫眼镜下的面孔充满爱的神情，时而对我微笑着交谈着，早已看不出年轻时那有棱角性格凶巴巴的影子。经历了生活的沧桑，我们到了人生最美的季节，中年的我在先生的陪伴下方可猜测到我是个中年妇女，不然我童年的心不老的容颜，人们难以看得出我的实际年龄。我脖颈下系着一条长长的浅蓝色丝巾，迎合着乌黑飘逸的长发，随着秋日里的江风，吸引了众多游人的目光，成熟的举止中，自然地坦露出我的个性。我们交谈中神情自然地流露着爱的深情，使得人们投来羡慕的目光，年轻人可能不会晓得我们厚重的爱是来之不易的，是酸苦的年轮中磨合的收获，看上去是那样默契，那样的温情。我举止深沉中透着倔强，缓慢沉稳的脚步，透着个性的穿着，偶尔在游人中，有人认出了我，用激动的嗓门和同伴指点着从我身边走过，我听到他们在纷纷议论着：她就是我在电视里见过的女画痴。

我目视着远方没在意她们的交谈，放慢了脚步深情自然地漫步在江边，回忆和思绪让我停下了脚步瞭望远方的江岸，大口吸着带有清凉新鲜的空气，用心灵深深亲吻着家乡的美景，回味着人生瞬间即逝光阴的感触。我随着起落的脚步观察着脚下随风滚动着的五彩落叶，童心的性格随着情绪的起伏，自然地弯下腰去双手捧起带着泥土芳香的秋叶，慢慢地撒向空中仿佛找回童年的感觉。我望着飘荡的落叶带着淡淡苦涩的微笑，自然流露出中年人富有内涵的表情，随后拍掉沾在手上的泥土和残叶与丈夫交谈着。这时候我开心快活得忘却了自己的年龄，投入得像个小孩子仿佛回到了小时候。好久没有这样的感觉了，仿佛江岸上没有其他的游人，自我陶醉在童年的回忆中。我拾起一片秋叶细细欣赏着，庄重细致地观察着秋叶中黄红色过渡的色调，觉得这就是浓缩了的人生写照。我思绪万千，专注的神情仿佛把自己的故事都凝聚在手上那片秋叶之中。我随手把风吹乱的长发和丝巾往后甩了甩，扬手把秋叶对着太阳眯起眼睛细细观察着，随后深情地把红叶握在手心里，背起手昂首挺胸像个胜利的大将军整理着思绪。我深沉的目光注视着阳光下的江面，身心轻松感觉真好，好久没有这样轻松的心境了，显得是那样的放松。人们以羡慕疑惑的目光望着我，使我感到他们要有许多的问候和我表达，想读懂我的故事。有些游人向我投来微笑的目光里仿佛在说，看不出你的年龄，却觉得你深沉厚重的表情中藏匿着不可思议让人难以捉摸的人生。人们显露出对我的敬慕，而又感到在人们目光中，似乎我是一个神秘女，渐渐地离我远去。我在丈夫的陪伴下沿着那秋叶斑斓弯曲的小路舒展着情怀，迎着秋风中飞舞的秋叶而感慨回味着过去的故事。

第二章

儿时的家

　　其实我从小是一个懦弱爱哭的丑小鸭，自从生下来就体弱多病的我，就像前世注定了我要承受不尽的磨难。家里人都叫我"十不全"，虽说长得白点，高高的鼻梁，樱桃小口，可我那对随着眼睛的舞动一会儿变单、一会儿变双的眼皮上的浓眉长成了八字形，让人看上去总不是那么顺眼。母亲说我是个丑八怪。我记得小时候我三姐总是护着我，每当有人说"小尾巴"丑的时候，我三姐总是抚摸着我的头说："我们一白遮十丑。"我自打娘胎出来就不顺，上天就注定了我坎坷磨难的命运。母亲生我临产的时候住进家对面的私人产院。当生我时候，母亲刚住进产院那天，院长便和母亲商谈着："如果生男孩，你们自己留下，是女儿送给我们夫妻（我们多年没有孩子）。"就这样定了下来。母亲生下我这已经是第六个孩子了，我一降生把母亲吓了一跳，头发油黑油黑一根根全都是立着的，和哥哥姐姐们都不一样，母亲自言自语地说道："我怎么生了个怪孩子，还是个丫头，来这么个小尾巴干什么。"从此，我的乳名就是这么得来的。可我这个尾巴也没"尾"到头。那个年代没有避孕的办法，父母只能顺其自然地生，后来我又有了小妹和小弟老八。听哥和母亲说，在我降生的第十二天里，院长夫妻就来家里抱我了，当那对夫妻抱着我刚要走出家门的时候，正撞上大我十五岁的哥哥放学回来，听说小妹要给人就急了，上去抢过来就不撒手，谁说什么都不管用。紧紧地抱着我躲避在角落里哭喊着叫着："我的妹妹，谁也不能抱走。"僵持了好一会儿母亲呆住了，那院长夫妇见此情景，叹了口气无奈失望地走了，就这样我留了下来。我出生在1953年末寒冬的清晨，那是在松花江畔繁华的中央大街上著名的欧式建筑的马迭尔对面的小二楼上。我的父亲懂三国外语，在解放前做买卖是商会的，那几年家里孩子少，日子还不错，大哥大姐也享受过少爷、小姐的生活，很小就穿笔挺的西装、漂亮的皮鞋，很讲究的服饰。我在老照片上见过气质高雅的妈妈带着穿着讲究的大哥大姐。解放后我父亲进了工厂做了职员，孩子多家境并不富裕，在我两岁的时候国家动迁给了一笔款，父母买下南岗区联部街上八号的一座别致幽雅的苏联房，并有一千多平方米的大果园。儿时的那个家园，深深地刻在我的记忆里，每当回想起童年的家园仿佛到了童话般的梦幻世界。

那是一个美丽难忘的家园，艺术别致、花果绿荫、美丽诱人的大院子，木板杖子二米多高，有一个两扇大门，门里边有一个四米长的木制包铁皮的门栓，旁边是一个小角门，院内靠近杖子的是和杖子并列、围着院子高出一头的丁香树，每年春天盛开着淡紫色的小花清香扑鼻。一进大门是红砖铺的小路，小路两边有一米高，是父亲剪得整齐茂密的榆树墙，小路上的红砖看上去经过特意加工打磨过的，没有了棱角铺的很均匀，中间凸两边坡很讲究，加上多年雨水的冲刷显得干净幽雅。一直通往最里边树丛中的木板欧式微型建筑的厕所，外观简直就像个微型教堂。果园边是半米高的木栅栏，栅栏中间是一个进果园的小门，小门对面有一条小路岔口，通往那座别致的苏联房，这就是我的家。房顶是个六棱尖顶形状建筑，鱼鳞般的洋铁盖上木窗户框上都刷的是紫红色的油漆，墙上刷的是淡黄色石灰粉，有个小门斗，上盖是斜坡式，一扇苏联风格的门，一米宽两米高两寸厚，刻着菱形方形，镶嵌着木牙边，刷的乳白色油漆。走过门斗，进屋是间十几平方米的厨房。我最喜欢的是厨房里那个苏联式的炉子，很特别又实用，炉高有一米，放有深一尺二、宽一尺二的圆形热水铁锅，平日里用热水很方便。铁锅右边是炉灶，高有两尺半，上边是铁炉圈，大的有九寸以此类推，大小共四个圈，套在一起，中间是个圆形的小铁盖。炉台一尺下是一个烤炉，记得小时候，每当大人们烤制苏联面包的时候，我和小妹小弟总是守候烤炉门口，面包还没出炉那诱人的面包香味就从烤炉小铁门的缝隙跑出来充满了屋子。当我看到面包出炉的那一刻，急得小手直搓，两眼盯着那像大锅盖形的米黄色酸里带咸内软皮脆的大面包，口水都流了出来。每次刚出炉，大人们总会在面包边上用父亲从德国带回来的长一尺，黑色把儿的专用来切面包的刀，先切那么一小块分给我们，让焦急等候在那里的三个小馋猫每人分那么一口先品尝，我们才满足又快乐，吃着面包高兴得蹦蹦跳跳地离去，然后等着大家一起用餐。

家里厨房旁边是二十多平方米的大餐厅，餐厅上半部有一个小吊铺，吊铺是木制的，有个两开木板拉门，菱形格木制的玻璃窗户，里边挂着洁白的纱布窗帘，上边能睡三四个人。我每天总是抢着上去睡，因为一是吊铺好看，二是因为我把用泥巴捏的一些小动物偷偷放在了吊铺上怕母亲看见，因为有一次我把捏好的泥巴小鸡、小鸭、小兔子都放在母亲床下的铁箱盖上晾干，日子久了就忘了，当母亲打扫卫生的时候，用扫把一扫，稀里哗啦散落了一地，母亲用生气的语调大声拉着长音喊："小尾巴……你过来！"那时五岁的我吓得赶紧跑了过去，一看才想起来是自己捏的泥巴小动物放在母亲床下的铁箱子盖上藏着晾干给忘了，当看到一地的被摔碎断裂的小动物我心疼极了。可我母亲在那边却用教训的口吻训斥道："这都是你干的是不是？到处乱放。"随即严厉教训道："不是不让你玩泥巴吗？你是不是该挨板子了？"吓得我哭着低着头抹着眼泪，向妈妈检讨着下次再也不乱放了，不玩泥巴了，边哭边抹着泪捡着红油漆地板上那些可怜零碎散落了一地的泥塑小动物。从小酷爱艺术的我心中想出个小动物的模样不表现出来心里总是有不舒服的感觉，我怎么能耐得住不去玩泥巴呢？从那以后我特别小心地把自己偷偷捏好的各种小泥人、小动物等悄悄放在了吊铺上紧里头的角落里。我有了自己的放泥巴作品的秘密天地开心极了。那时候吊铺上褥子下边还有一张大黄狗的皮褥子，还有一条母亲的狐狸围脖，那是一只完整的狐狸，有牙齿还有红黄的毛像个活狐狸似的。一开始我看到后吓坏了不敢上去，可我又感到很神奇，很神秘。心里总惦记上去看看，常常让姐姐带我上去，一次一次地试着去摸，后来日子久了知道它们不咬人已经死了，还很好看，也就不害怕了。后来吊铺倒成了我秘密的泥巴人珍藏宝库。在我童年的时候，那个小吊铺是我心里的神秘有趣世界。苏联建筑的房屋举架高，那时候五六岁的我，能在吊铺上站着蹲着自由地玩耍。吊铺上的窗帘拉开，往下能看到是否有人从外面进屋。吊铺的门窗都是木质雕刻的，上面小动物刻得活灵活现。上下吊铺的木梯立柱像两个酒瓶摆在了一起，欧式风格，吊铺刷的是紫檀色油漆古香古色。过了厨房往里走，左边是没窗户的洗澡间，往右边是爸爸妈妈的寝室，窗帘是母亲在白布上用手工绣的，横头面上绣的是五颜六色裂开嘴的石榴，看着那粉红色的石榴粒好像马上就要掉了下来的样子。中国老话讲，石榴表示多子多孙。左边一半窗帘绣的是一条紫红色腾云驾雾的龙，右边那半绣的是一只飘逸的橘红色海兰色和金黄色长尾羽毛的凤凰，加上老式苏联考究的欧式家具，寝室里显得格外古朴典雅。往左边是兄妹们的寝室，再往里走是姥姥的寝室，姥姥的木床最有艺术风格，右侧是窗户，床的上边和两边，刻有各种水果造型图案，高出床一米半的空间的横梁上垂下有两米长紫红色立绒布帘对半拉开像个唱戏的台子。记得小时候兄妹们能歌善舞吹拉弹唱，经常把姥姥的床当成戏台演出，跟真的戏院一样，我嗓子好，跳舞唱歌拉琴样样都爱好，很活泼，在小学里被学校选到市少年歌唱团，并当过《二小放牛郎》的领唱，参加过哈尔滨之夏的演出。那几年一到节假日，家里一片欢声笑语，歌声朗朗，外边的邻居们总是在木板杖子的空隙中往院子里瞧着倾听着，屋里院内传出的悦耳歌声，记得那时候妈妈总是不闲着，手里常常在纳鞋底，父亲也干着手里的活，在一旁悄悄地看着，有时还悄悄地笑，看得出他们是从心里发出爱儿女们的喜悦。姥姥最开心，看着那些能歌善舞英俊的外孙子、外孙女们她美滋滋地抿嘴乐。

　　七十多岁的姥姥那三寸小金莲的脚脖上缠着绑腿，尖尖的小脚紧紧地并在一起，干净利落的姥姥那瘦小的身板坐在那里，把腰杆挺得很直，时不时地用手捋着那稀少的银发，推推脑后的发髻。那气质和做派让人一看就知老人家年轻时候就是一家很讲究的大家小姐。家里平日很安静，母亲家教严又厉害，谁也不敢吵闹，生活很有规律。我记得那时候家里的窗台上总是摆放着几盆君子兰花，在我记忆里，君子兰花一年四季总在盛开。太阳从窗子悄悄地进出，充满阳光的房间里考究的欧式家具在君子兰花的点缀下，显得格外幽雅温馨。

　　果园里有一口苏联式铁管压井，井很深。井下用红砖砌成，我看父亲把家里的牛奶鲜鱼等都挂在井下面的红砖墙壁上。那个时候没有冰箱冰柜，那口老井就是那个年代的天然大冰箱，那时候在城市里家里有一口井的可是没有几家，天然的深井，在酷热的盛夏时节，井下冰冷冰冷的，一开井盖凉气扑面，井里边空气清新，吸一口凉丝丝的清爽舒服，井水清澈甘甜，我想起当时的感觉仿佛就在此时此刻，觉得比现代的冰箱要好得多。在井前边是一个大花苞，每当盛夏季节盛开着各种样色鲜艳的花朵，招来了各式各样漂亮的蝴蝶，有黑色闪着深蓝色光点的绿带翠凤蝶，有金黄色带黑点的马莲蝴蝶，白色黄色的粉蝶，有浅蓝色小的像豆角里的豆瓣开那个样子的淡紫色的豆角花蝶，美丽的蝴蝶在花朵上翩翩起舞看在眼里，醉在心上。

　　果园里的花苞左边有一棵葡萄树爬成了棚，叶子茂密的站在下面只能看到那洒落的几缕阳光。四周围都是果树，李子树就有大红李子和小黄李子两种。大红李子树高有现在的两层楼那么高，小红黄李子树有一人多高。它们的开花结果期是一样的，花落后长出来的小果实都是深绿色的很小，等到了秋天熟透了的李子紫红紫红的，像乒乓球那么大，小黄李子像大人的拇指头那么大，熟透的时候是淡黄带点浅绿色，看上去透明诱人，使人看了就想吃个够。这两种李子都特别甜，远看真像长满枝头的宝石，阳光的反射下闪着光亮，在枝头上摇摇欲坠，美极了。我很小就喜欢观察大自然的变化，看风吹的时候树呀、草呀在风中是怎么动的。每到秋季里我都盼望下雨，每到下雨时我总会趴在窗户上看一个个果子是怎么掉下来的，风吹雨的时候、风吹草动的时候观察万物姿态。当秋季果熟的时候，我盼着能来一阵大风好掉下更多的果子。每当刮风下雨天我看到这情景都高兴地拍着小手，踮起脚尖望着窗外盼着雨停，有时候我等不急雨停，当雨下小些的时候我总是第一个拿起小盆或小篮子冒着雨跑出去。回忆起往事仿佛就在眼前，看我当时那快乐兴奋的样子像拾了什么宝贝似的开心极了，忙得我手上、脚上、裤子、脸上，泥巴、雨水交织在一起，一会儿滑倒，一会儿鞋子在泥坑里拔不出来，我开心地笑着拾着果实，那儿时的情景历历在目。平日里高处的果子盼着哥哥放暑假回来爬到树上用棍子打，我们小的用毯子在地下接，大头梨树高，每年都是这样，哥哥没放假的时候我这个好奇的小馋猫，常去大头梨树下在草丛里找来找去看是不是能找到一个熟了的大头梨掉下来。我们兄妹的同学都常常借学习的引子来家里玩，母亲只要看到来的同学是来学习的就欢迎，要是有同学是单纯来玩的妈妈一般是不太欢迎的，会严厉地板起脸来不高兴。我们兄妹都明白母亲的意思，所以除了学习小组来学习以外很少叫同学来家里玩。到了秋天的季节满园的果子熟了，每年都有水果店的来收。那几年南岗区革新街上小卖部第五商店和第七商店卖的水果几乎都有从我家收去的果子。每年四季从初春开始，每当人们走到这条街上的时候，我家院子里，那丁香花的清香便扑鼻而来，一阵风吹过会使人感觉到是走在花丛中。初春的丁香花一开紧接着院子里的杏花、樱桃、李子、海棠、大头梨、山丁子等北方应有尽有的果树连接起来开花，白色的、粉红色的、桃红色的、双层的、单层的、大的、小的花朵发出沁人的芳香，俨然是一个诱人的家园。

一年里，半年花香，半年果香，路过这里的人们都羡慕极了。

　　我生长在家风、家教都很严格的大家庭里，母亲因读书二十三岁和爸爸结婚，爸爸是二婚，第一个老婆生孩子去世了。我母亲生我们兄妹八个，老大是哥哥，中间六个姑娘，最后老八是男孩。爸爸一辈子最喜欢孩子，好像有多少孩子都不烦。我记得小的时候我和小弟小妹吃过晚饭玩累了，总是随便歪在哪个角落里就睡着了。爸爸从来都是轻轻地把我们一个个抱起来放在我们该睡觉的床上，我有时候明明是爸爸一抱我就醒了，但也是装着闭眼睛等爸爸抱到床上，帮着我脱衣服，盖好被子，心里在偷偷地乐。家教很严的母亲有个打手板，比乒乓球拍长一点，兄妹们见了都胆怯得很，生怕自己一不留神犯点儿什么小错惹母亲生气。平日里母亲把它放在床边，兄妹们如果有不听话的、吵架的都要挨罚，有的打手板，有的罚跪、罚站，犯的错误不同，轻重受罚不同，记得一次三姐四姐因为我吵架，妈妈把我们姐妹三个都关进洗澡间没有窗户的小黑屋里罚站，一站就是一个多小时，后来妈妈才过来把我们教训了一顿，并给我们讲受罚的理由，让我们认错别再犯此类的错误。当母亲厉声怒气地让我们把手都伸出来挨打手板的时候，我们每个人都吓得哆哆嗦嗦的慢慢地伸出了小手，当母亲把那个打手板一举起，我吓得紧闭上眼睛咬紧牙，没打就哭着等着挨板子，紧张地在心里数着一下，两下，

1961年全家福

直到停下来我才长松口气，抹着眼泪睁开双眼，那时候我五岁，三姐挨了四板子，四姐挨了三板子，我挨了两板子，当然罚的板子轻重不一样。那一次是我第一次挨打，记忆犹新。

我的母亲家教严格规矩又大，无论是在家还是外边，大人孩子们都要穿得干净整齐。如果家里来了客人，总要按大小排好队，行礼问候叔叔、伯伯、阿姨好，然后都到院里去玩，等客人吃过饭走了才能进屋去吃饭。家里有一个苏联式椭圆形两米长的餐桌，中间可以拉开加板，栗子皮色，发亮的油漆下面漂亮的木纹清晰可见，四条桌腿，老虎腿的造型有近一米高。家里过年过节的时候，桌上总会换上讲究的白色绣花镂空漂亮的桌布帘。平日里就餐的时候座位是有讲究的，我父亲和姥姥在两头坐，我母亲在中间坐，家里的规矩大，吃饭的时候不许说话，母亲给我们不会使筷子的小孩每个人发一把勺、一个叉子。记得我吃面条的时候，把叉子立起来转动把面条卷起来吃，吃得满嘴巴都是。我们每个人吃菜只许在自己面前的菜盘子边，用菜不准挑菜不准乱翻动菜，这样不礼貌。如果有不听话的母亲也不吱声，把手里的筷子头一歪，敲打一下我们头顶。我从小就是个心地善良懂事的小姑娘，我五岁时就知道帮妈妈干活，学着大人的样子用小手拿抹布擦花叶上的灰尘，懂事的我每当年纪大的姥姥坐便桶吃力地站不起来的时候，总会老远跑过去用小手用力拉姥姥起来。我六岁的时候，虽说我只知道上学是去学写字，可我每天看到姐姐们去上学把我孤单的地留在家里，我总是急着要跟着她们去上学。一次深秋风刮得特别大，我哭着喊着往外跑，要跟大姐去上学，大姐上学已经晚了，大姐跑我也跑，大姐跑到大门外把大门扣上把我扣在里边，急急忙忙上学去了，可我还在把着大门哭喊着要跟姐姐去上学，那是个深秋季节呼啸的大风呛得我上不来气，这时候母亲跑出来把我硬拉了回去，从此以后我得了哮喘病。我那个年代上学的年龄上重点校不到九岁是不收的，我七岁那年，三姐真的带我上了半天课。我听三姐跟老师讲家里没人带我就这一次，老师说了一句，不许影响课堂下次不行。姐姐悄悄地带我坐了下来，还好我还没淘气很听话。父亲知道后想办法改了户口提前一年让我上了学，母亲为我做了一个花布飞边有两条背带的书包。我高兴地摸来看去，不时背在肩上试着在屋里走来走去，我感觉自己仿佛在这几天里长大了许多。

开学那天我高兴得连蹦带跳像个出了窝的小燕子。父母看着高兴地说，又上学了一个。可天意不可违，刚上半年学的我到了冬季哮喘病更严重了，住进了医院。没办法只能休学，第二年又重新上了学，自从上学以后母亲要求我更严格了，每天放学要马上回家，到家后要首先写作业，然后做一些力所能及的家务活，最后才可以去院子里玩。不准到外边玩，不准去邻里家串门。那时候我特别羡慕别人家的小孩子能和其他同学和小朋友伙伴们到大街上玩跳绳、跳皮筋、跳格，许多的小朋友一个抓一个的后衣襟跑来跑去玩着老鹰抓小鸡，嬉笑热闹的场面在我幼小的心里感觉她们是那么自由快乐。我经常在院子里，在木板杖子的空隙中往外看同龄的小朋友伙伴们开心地跑来跑去，从心里羡慕得脚痒。可是我只能和小妹在果园里玩，用葡萄叶子当粽子叶，把葡萄梗用手指掐成一小段一小段的当米来包粽子过家家玩，把牵牛花的蔓掐下来用来当作项链戴在脖子上。有时候我爱一个人不声不响地蹲在地上看蚂蚁搬家。有时候和妹妹让姐姐帮忙用纱布做个网兜缝在铁丝圈上，再绑在木棍头上用来在果园里捕捉蜻蜓、蝴蝶。虽说是这样，每当回忆起童年的时光，只有那段日子是我最美好、最幸福、最快乐而又难忘的童年。

第三章

天有不测风云

　　天有不测风云，那是在我八岁时，自然灾害头一年，1961年，这一年让我永生难忘。那年十月的一天早晨，我二姐在忙碌中悄悄地塞给我半个窝头靠近我耳边告诉我："家里有事，你中午不要回来了。"那是自然灾害的头一年，那半个窝头是穷人家孩子的美餐，可就是在那天刚吃过午饭上课的铃声响起，我家邻居院的那位女同学气喘吁吁急促地跑了过来告诉我："赶快回家吧！你爸去世了。"我当时也不懂得去世是怎么回事，只知道不是好事哭了起来，老师把我送到了回家的车道，我哭着跑回了家。当看到父亲的时候，父亲早已穿着黄色绣花的丝绸新衣服，像个黄帝似的躺在厨房地上新搭的低矮板床上。客人来的很多，家里人都哭成泪人，忙里忙外。我看到在爸爸头前摆一个低矮的小供桌。上面点着一盏小油灯，那油灯是妈妈在小盘子里放了点豆油，用棉花捻成的灯芯。供桌上还有几小盘好看的糕点。一进门的门口地上铺了一条新麻袋，来的客人都含着眼泪跪在上面给父亲磕三个头表示哀悼，再向妈妈说上几句节哀安慰的话语。那几年我父亲生病的时候家里能卖的都卖掉了，父亲去世母亲想给父亲买一口好棺材都买不起，愁坏了母亲，母亲思考了很久也没想出个好法子，我听到大人们在商量着，只听到我妈无奈的叹口气说道："实在对不起你老爸，没法子，只得买口薄板棺材了。"后来老姨老姨夫帮着买了口妈妈想给父亲买的那种厚板棺材。

　　父亲入殓盖棺材的时候，母亲哭喊着父亲的名字："云海呀！"东躲钉，西躲钉，母亲跪在那里哭喊着凄凉地叫着父亲的名字，生怕父亲在里边受到什么伤害，好像父亲没死是只在里边睡着了，和父亲说什么话他都会听得到。全家人和亲朋好友们都哭喊成一团。不懂事的我好奇地东张西望跟在大人后边。两天后天上下起了鹅毛大雪，铺天盖地。这天正是我父亲出殡的日子。我们这些孩子们都穿戴上白色的衣帽，当出殡的车来拉父亲棺材的时候，全家人都跪在雪地上，我们小孩跪在前面，不懂事的我边哭边好奇地看热闹，往后边看了一眼。这一眼使我终生难忘，回忆起来，那情那景是那样的凄凉是那样的凄惨，呼啸的大风吹着漫天大雪，母亲领着小的才三岁共八个穿着白孝服的孩子们跪在厚厚的雪地上一片，和那白茫茫的雪地成为一体。鹅毛大雪漫天飘荡着，北风吹起地上的飘雪在寒风中弥漫着，像小刀子似的刺在我们的脸上，让人透不过气，睁不开眼睛，白色的孝带随着风雪飘动着，风声哭喊声，凄凉得让人心碎！这一幕让我想起来就心酸。当时我哪里知道，从此家里少了顶梁柱，父亲再也不会回来了。

没有了父亲更凄凉，生活更艰难。家里大哥大姐在上大学。父亲临终前劝说母亲让两个大的退学去找工作，好帮母亲一把。可母亲说要饭吃也让孩子们念书。因为妈妈也是个读书人，在解放前读的，母亲深感读书的重要性，妈妈年轻时，没认识爸爸的时候，未婚夫是清华大学毕业的，是名地下党员，在东北监狱里牺牲了，那时候母亲已是二十三岁了，过去那个年代结婚都早，尤其是女孩子十五六七岁都结婚了，妈妈读书到二十二岁没出嫁，母亲的未婚夫一牺牲姥姥就迷信说母亲命硬，所以二十三岁就嫁给了父亲，父亲的年龄大母亲十三岁，人忠厚老实，中等个子，长得也不错，但听小舅讲母亲过去的未婚夫可帅气了，有一米八的个头，浓眉大眼，气质口才都不错。可母亲的命不好，但母亲心里一直保留着他的位置，我母亲六十多岁的时候还让我去烈士馆查找过那位烈士。他被捕以前去看过母亲，给母亲留下一个藤子编的小箱子，母亲传给了我，我一直想送到烈士馆，因为那是那位烈士留下的唯一遗物。

我的父亲也是个很有才华的人，母亲俄语讲得也不错。解放后国家来人请我母亲去做翻译工作，父亲没同意。那时候父亲在商会做买卖，工资是很可观的，一家人生活很富裕，解放后父亲进了工厂，孩子多了，家里的日子就不那么宽裕了，母亲自己背着在家附近找了份工作上班，当了工人，每月才挣四十五元钱，多亏当年母亲有主见。可即使这样，父亲一去世，这点工资，也难以维持生活。父亲去世的时候妈妈四十三岁，长得漂亮又年轻，看上去像三十几岁的人，好多亲朋好友给母亲介绍老伴，有当医院院长的，有当工程师的，可刚强的母亲怕孩子们受委屈，宁可自己带着八个孩子们吃苦也不再嫁。

当时我哥、大姐在外地读大学。二姐学习成绩好被学校保送上高中，可懂事的二姐自己背着母亲退了学在外边找了份工作，后来校长找到家里来母亲才知道。当时母亲搂着我二姐哭了好一会儿，母亲说了一句："妈知道你懂事。"只见我母亲马上又擦了擦眼泪，严肃又严厉地说道："为什么不和妈商量，不告诉妈妈，妈不是说过要饭吃，也让你们读书吗？现在不是还没要饭吗？明天就给我考个技术学校去。"后来我二姐真的考上了中专。

还好那时候上学家里穷可以免学费，学习好的还有助学金。不过学习用品也是个困难。兄妹们从大学到小学的那年是有七个上学的。我记得小学的时候，我把本子写完铅笔字写钢笔字，写完钢笔字练毛笔字。那时候我用的是蘸水钢笔，有时候笔杆坏了就把笔头用胶布缠绕在小树枝上，用树枝来代替笔杆。铅笔用到头时用小刀把铅笔劈开，把铅笔芯拿出来放在自动铅笔里再用。记得有一次家里实在没钱买本，我灵机一动。就把用过的本子皮拿下来订在一起当本子用被老师看到后，送了我几本方格本。当时我又激动又感激，感到心里很温暖很幸福，看到那位老师我感到格外的亲切。那是小学二年级的事，我真的好感谢那位老师，终生难忘。那时候正是学习雷锋精神的年代，要艰苦朴素，学校组织活动看谁穿的衣裤补丁多谁就是艰苦朴素学雷锋的榜样。我和妹妹都在解放小学穿的是母亲做的淡紫色带小白点的上衣，蓝裤子都是捡姐姐们破旧的，我真真的记着，妹妹衣裤上补了二十二块大小补丁，我衣裤上补了十三块补丁，虽说是掉了颜色的衣裤但是很干净，我们姐妹在学校里受到好评。其实是妈妈要求我们要朴素要干净，也是因为我们家里穷，穷得就差要饭去了。

母亲是一位自尊、自爱、自强的坚强女性，常常教导我们，人穷志不穷，再难也不能去要饭，再穷也要干净，讲卫生。在母亲的教育下，我们这些孩子们懂礼貌，讲卫生，懂得自强，能吃苦。家里的果园，每年还可有点收获，丁香花很多，芳香美丽，每年春天我和姐姐都要到大街小巷上去卖花。记得一次在中央大街上冒雨卖丁香花，人们看我们姐妹俩在雨中叫卖浑身都淋透了，头发都贴在脸上，也没有把遮挡的雨伞，就这样姐俩提着个小水桶、小篮子在叫卖着："丁香花——丁香花——一毛钱一把。"人们好像在可怜我们，很快都买光了。当时我高兴地在雨中跳起来，湿透了的鞋子差一点儿没把我滑倒。我心里很早就想有一分钱去买一支糖稀来玩，今天丁香花卖得好，我在心里琢磨着想向四姐要一分钱，可又怕四姐生气说我，我在心里犹豫了片刻，壮着胆子拉着姐姐的衣襟努力张开嘴巴一个字一个字地吐露出要一分钱的用处。我一边慢吞吞地向四姐要钱，一边摇晃着姐姐的衣角撒娇地对四姐说："你，就给我一分钱，买糖稀玩好吗？"

那时候糖稀在我心里感觉是那么的神奇美妙！看同学和小朋友们都玩，用两只小竹棍绕来拉去的变化着可有意思了，我感觉可神奇了。那糖稀还有各种颜色的，红的绿的黄的，还可以吃，我一直想知道那是什么东西，可没有钱来买，看别的小朋友玩我羡慕极了。今天我向四姐要一分钱，四姐摇摇头生气地瞪大眼睛板着个脸，比我大四岁的四姐装扮成大人的样子严厉地教训道："不行，家里等着买菜，不能给你。"四姐本来眼睛就大，再一瞪眼那一瞬间的表情吓得我像个小猫似的，低下了头不敢作声了。我那心里高兴着抱有希望的心情一下凉了下来，很不是滋味，不情愿地噘起小嘴跟着四姐闹情绪，别别扭扭地回到了家。我现在想起来的时候，总感到那时候的我可真是不懂事，那个年代三分钱能买一个馒头，八分钱一个面包，一分钱对于我们家庭当时的生活状况来说是很重要的，不过那件小事在我童年的心里留下了深深的感触，是我永恒的记忆。四十几岁的我每当看到了四姐，还风趣地说道："四姐你还欠我一分钱买糖稀哪！"每当这时我们姐俩总会相对苦笑着沉思片刻。我常常回忆童年的时光，在我小学三年级的时候，学校在文化宫举行开学仪式，放了一部朝鲜电影《卖花姑娘》，当我看到那卖花的小姑娘凄惨命运的时候，感觉就是我自己走在屏幕里，我随着电影的播放伤心地流着泪，看完了电影哭成个泪人。我感觉那一声声"卖花！卖花！"的叫卖声使我脑海里浮现起，那个年代家里吃了上顿没了下顿，就差一点儿去要饭的日子。

我和姐姐在初春的雨季中卖丁香花，那凄凉的情景，那电影里的叫卖声，仿佛就是我当年的写照，只有我自己晓得自己的苦难身世，只有我自己知道一个七八岁的小女孩在雨中又冷又饿，无助无奈地在叫卖着"卖花哩！卖花，谁买花呀？"凄凉的感觉，我那天看过那电影以后，觉得自己突然成熟了很多，也长大了许多，懂事了许多。

没有了父亲，母亲又当爹又当娘，有时候邻居也欺负人，一天家里的一只母鸡跑到邻居院里被邻居打死了。从这件事以后，母亲心情一直不好，觉得父亲在这里去世的，邻居又这么狠，不一定哪天孩子出点什么事可不得了。母亲心一横把房子卖掉了要搬家。可说起来简单，哪里知道母亲初秋的时候卖掉了房子，可几个月过去了，一直没买到合适的房子。快到冬天了，对方让我们搬家这可难坏了母亲，母亲上火着急病倒了。后来街头上的一家邻居听说以后，看母亲带孩子们可怜，答应借给我们一间七平方米的小凉亭住。母亲非常感激可又喜又忧，喜是有了解决燃眉之急的落脚住处，忧的是冬天马上到了，七平方米的凉亭，北方的冬天死冷寒天怎么过呢？母亲想了想，目前无奈，走一步算一步吧，只得这样了。哥哥和大姐在外地读书，母亲去上班，只有十六岁的二姐领着三姐四姐在邻居那里借来了手推车，像小蚂蚁似的一趟一趟地开始搬着家。七岁的我也拿点小件跟着手推车后面走着，等到搬最后一趟的时候，手推车前重后轻不平衡，后边直往上颠，二姐让我坐了上去，车子就好了许多，我高兴地唱了起来，手里拎着的那把旧铁皮水壶，随歌声的节拍晃动着。我那清脆、洪亮的童音，使得路上的行人微笑着投来了让人难以捉摸的目光。我们拉着一车零散的家庭用具像逃难似的走在大道上，深秋的一阵风吹来，空中的落叶飘舞着，路上行人们的耳边清脆洪亮的"小燕子，穿花衣，年年春天来这里"那快乐不懂得忧愁的歌声渐渐地远去。我小手里依然拿着大人们擦得很亮带有小坑的那把老水壶，随着拍节晃动在夕阳的余辉下闪着暗淡的光亮。

那年到了冬天，本来就只有一层玻璃的小凉亭冷的和外边没什么两样，又买不起好煤烧，我和弟妹的手脚都冻烂了，母亲看了心疼，心里着急上火可又无奈，姐姐每天给我们上药，就这样苦熬了一冬天。终于到了春天有了盼头，天气一天天暖和起来。母亲东奔西走地买房子，总算看好一处比较满意的房子，地点在东马家沟，有和原来的家一样大的一千多平方米的院子，两座别致欧式的板夹锯沫子的苏联房，小房是红砖的。妈妈说一来住独门独院习惯了，二来妈妈也是怕孩子们受欺负，觉得房子虽说破了些还算可以。可家里卖房的钱，拿来买这房子还不够，怎么办？家里已经没有什么值钱东西了，在父亲得了胃癌的时候能卖的都卖了，母亲只好东借西凑，好不容易买下了这个房子。那年是1963年的初春，我们终于有了自己的家。

这个家比原来的家多一座小房，院子和以前的家一样大，果树少了许多，只有两棵杏树，几棵丁香树。妈把原来家院子里的樱桃树挪过来几棵，这样好看了不少，可院落还是很空旷，每年都要种上些玉米、黄瓜、茄子、豆角等。父亲去世以后，母亲的家教更严格。平日里，母亲心情不好，脾气也大多了。有时候母亲趴在床边痛哭，每当这时候，我和弟妹都吓坏了，守在妈身旁傻看着妈妈，我们一直等到母亲不哭了才各自离开。那几年每当母亲心情不好，想父亲的时候就带着我们到爸坟墓上去看看。记得一次母亲只带我一个人去给父亲上坟，那一次给我印象太深了，在那荒凉的黄山坡上看不见一个人影，只有秋风刮起的枯树叶子飘舞着，几只野狗在坟地里跑来跳去的。我跟着母亲来到父亲的坟头，母亲边哭边铺上几张烧纸，把带的枣馒头摆了上去，点上香火。正在这时候，跑过来一只野狗抢东西吃，吓得我哭叫起来，母亲用石子打跑了野狗，我才稳住神。母亲哭喊着父亲的名字诉说着心里话，我跟着哭了起来，一边哭一边紧张害怕地观看着四周，害怕野狗再蹿过来。过了好久天快黑了，听着妈那沙哑的声音，我望着母亲哭干了眼泪的样子好心痛。大风吹乱了母亲的头发，尘土沾了母亲和我满脸满身，只见刚强的母亲擦了把脸上的泪水，站起身来掸了掸身上的泥土，拖着疲惫的身子，领着我往回走。深秋的风刮起来天昏地暗，一会儿浑身又都是些泥土，头发又刮的乱蓬蓬的。我们好不容易挤上了公车，车上没有座位，我和母亲累得靠在车座边的地上坐了下来。郊外的路不好，都是大石头，一路的颠簸浑身像错了位，五脏六腑似乎都颠得翻了起来，就这样颠簸了两个多小时才到市里，又换上电车坐了一个多小时，下了车走了半个小时。终于到了家，我累得浑身痛上床腿都抬不起来脚也肿了，母亲年龄大了，更是可想而知，刚强的母亲第二天照常很早就上班去了。

贫寒的日子里，我挖过苦菜，卖过花，吃过榆树叶、榆树钱、糠、豆渣、地瓜干。记得一次我和妹妹去飞机场边上挖苦菜，走了一个多小时才看到机场。当看到一望无际、平坦、空旷、寂静的机场时，心情是那样的舒展，一下子放松地躺在了草地上，大口吸着那草地上清香的新鲜空气，觉得舒服极了。机场跑道边上，长满了野草，只看到两架飞机，停放在很远的跑道边上，盖的防雨的帆布，看上去很久没起飞了，机场道边上，有的地方让老百姓种上了庄稼，有苞米、豆角、土豆等，地里的垄沟上和机场道边上，长着稀少的各种野菜，有荠菜叶窄两边像锯齿，有车轱辘菜叶子的两头尖中间宽上面有几道浅绿色的纹，最常见的是苦菜，也就是老百姓所说的婆婆丁、苦菜花，它叶子中间长，根茎挺立着有两寸左右高，上面开出的小黄花，茎变成紫色的时候，花落后长出的种子是灰白色，像个极小的毛绒团非常可爱，用嘴吹一下小绒团就会散开飘向天空，种子像一个个极小飘动的小伞。望着那飘向空中的种子，仿佛我自己也随着风飘去，是那样的无忧无虑、轻盈自在。我最喜欢的是苦菜，感觉苦菜的特性好像是我的人生，虽说吃起来是苦的，不过可是能充饥，还可以清火解毒。来挖野菜的人很多，看到一棵得赶快去挖，不然别人就会抢着挖了去。那个时候吃了上顿没了下顿的严重的自然灾害的年月，穷人家只能到大自然的野地里来挖点野菜充饥。我们姐俩挖了有两个多小时，各自挖了大半篮子也都累了，想休息一下，小妹和我商量趁此机会玩一会儿再回家，我们姐妹俩一拍即合。机场那边有一座黄土堆积的假山，我们俩兴致勃勃地爬到假山顶上的时候，天却下起了雨，假山上没有遮雨的地方只得赶快下山。雨越下越大，黄土堆积的假山，滑得不得了，山上没有一棵小树可以把着，我们姐俩只能拉着手紧靠在一起慢慢往下滑，衣服鞋很快都湿透了，鞋子沾满了泥，手里还拿个篮子，一着急不小心我们姐妹俩从半山坡滚了下去，我们顾不得自己身上的疼痛，却傻愣着看了对方片刻，不约而同地抱在一起大哭了起来，还好没摔坏，野菜篮子滚在几米远的地沟边，野菜没剩下多少，我们的脸上泥浆、雨水、泪水搅在一起，造个大花脸，这时候雨下的小了，我们互相擦了擦脸上的泥浆抹着眼泪跑回了家。那一次劳而无功，后悔贪玩心里很不是滋味，两年过去了，有粮食吃了，虽说定量什么都要票，可不会无米下锅。艰难的苦日子总算好了许多，三年自然灾害总算熬了过去。

第四章

生不逢时

生不逢时的我刚升小学五年级的时候，一天突然老师发布了放长假的消息，什么时候上学另行通知。我哪里知道轰轰烈烈的"文化大革命"开始了，那是1966年6月，没过几天只听见大街上好像有好多游行的队伍，大喇叭也在不停地喊话，母亲不让我们出门，我只觉得外边很乱，很热闹。

很快到了冬天的季节，母亲怕我们再出去看热闹出点什么事，就让我领弟妹在院里空地上浇冰场，那时候没有自来水，得到隔一趟街的水站去挑水，一分钱一挑。我和弟妹们听说妈妈让在院子里浇冰场高兴得都来了干劲，先是选了一小块平地用炉灰围起，十三岁的我领着弟妹把水桶放在耙犁上拉水，一开始爬犁拉的四桶水一路上水洒出来的比水桶里的还多，拉回来只剩下小半桶水，聪明的我拿来一把筷子每个水桶里放了十几根，这样水洒出来的就少了许多。天寒地冻的北方，地面上浇上一层水，等拉第二趟水回来的时候只十几分钟的工夫就冻透了，就这样在冰天雪地里姐仨嬉笑着忙活得热火朝天，满身大汗没觉得天冷，也不知道拉了几爬犁水浇了几十桶水。很快天就黑了下来，忙活了一下午浇了五六层冰的小冰场总算有了个模样，一个宽两米长四米小得可怜的冰场出现在面前。小弟高兴得急着想上去玩，可家里就一双老式苏联冰鞋，样子怪怪的，冰刀两头都是往上翘的形状，还是父亲活着的时候给哥哥买的，一个捡一个的接着穿，小弟小不能穿只好在上边抽冰旮，后来我看大街上的孩子们都玩爬犁，我照着别人玩的爬犁的大概模样也给小弟做了个爬犁。那时候的我，哪能会做什么爬犁呀！我费了很大的力气，手都刮出了血，好不容易钉了一个像小板凳式的小爬犁，虽说钉的钉子里出外进的，可我已经感到很骄傲满足了，小弟高兴得不得了！终于有小爬犁玩了！可哪想到小弟上冰场玩的时候，打下去不滑就摔了个鼻青脸肿，把头磕了个像鸡蛋那么大的包来，小弟哭个不停，当时把我吓坏了，一边给小弟用手揉，一边心里胆战心惊怕小弟摔坏了，母亲回来发脾气，我挨打受罚。后来长大了才懂得，我做的那个像板凳似的爬犁，底下没安铁丝，所以爬犁不滑才把小弟的头磕了个鸡蛋样的大包，我现在想起来都心痛后怕，心想没出什么大事已是万幸了。

那年冬天，当我找出来久违了的那双冰鞋的时候，想起来在学校滑冰参加比赛获得过全校并列第一名的快乐。我为了能滑冰早早起床干家务活，每天母亲早晨不到五点就起来了，我也跟着起床，母亲单位远，六点钟就去上班，每天我都要把妈妈送到大门口已成了我的习惯。每天当母亲从屋里往外走的时候，边走边急急忙忙安排我今天要干的活已经成了习惯。边走边指示道："把衣服洗了，褥子做上，切点鸡食，把鸡喂了，院子扫干净。"那时候我小小年纪却无奈地包揽了全部的家务，做起了家里的小主妇，妹妹干活慢还总贪玩老让我生气，大多的家务活都是我自己干，每天都要认真做好母亲留下的每项家务活，提心吊胆的，生怕干得不好，母亲晚上下班回来不高兴。其实我那时还是个十三岁的孩子，心里一直惦记滑冰，我紧忙活了一天的家务总算做完晚饭，天已经黑了下来。累了一天的我看妈妈没生气赶紧去那小冰场上滑冰，刚上去的时候从心里高兴，自己浇的冰场虽说小了点但觉得很骄傲自豪，可滑起来越发觉得舒展不开不舒服不过瘾，心想要是能去真正的冰场滑冰那该有多过瘾多舒服。那天晚上妈妈喊我睡觉，我竟然没听见，妈妈骂了我两句我才回家。已是夜深人静了，我滑冰的兴致正浓，不情愿地躺在了床上一时无法入睡，悄悄地下决心想偷偷去一次外边的体育场去滑冰，那该有多开心！想着想着我美滋滋地进入梦乡。

第二天我真的去了八区体育场，到了那我可开了眼界了，好大的冰场还有冰球场，我如鱼得水滑起来简直像飞起来的小燕子，心里觉得无比的幸福和快乐，心胸也开阔了许多。为了早点回家干活，可还贪恋着多滑上几圈，所以速度不断加快，一会儿从头到脚就满身是汗水，像一个蒸馒头的气锅往外冒热气，我看了看天色觉得必须马上回家做饭了，不然母亲回来饭还没做好会生气的。出了一身汗的我大喘着粗气，眉毛上、头发上都变成白色上结满了霜，那会儿感到特别热的我，一时间又兴奋又着急回家忘了是冬天，潇洒地把那兔子毛的围巾摘了下来，短款式的棉大衣也脱了下来，全身都冒着热气，休息了片刻才换上棉鞋急急忙忙往家赶。可我哪里想到第二天发起烧来，浑身关节痛，从此得了个类风湿性关节炎。一时的贪玩，得病容易去病难。母亲又生气又恼火，给我吃了几天退烧的药和去痛片好了许多，我后悔贪玩不听母亲的话，从那以后发誓再也不去滑冰了。当我回忆起小的时候还有一件事记忆很深，那就是一次没看好小弟，小弟在家院子里拿弹弓把对院邻居——朝鲜人家的玻璃给打碎了，人家找家来让母亲赔款，母亲特别生气，因为我没看好小弟惹祸了。吃过晚饭母亲教训了我们三个以后，罚我们姐妹三个在大桌子旁边那里跪下，腰杆子还要挺直。母亲看了我们一会儿，唠叨教训了一顿，就用很厉害的口气告诉我们"给我跪着！不许乱动"便走进了她的房间，我们看母亲走了相互看着，高兴地偷偷笑了笑，赶紧靠在桌子腿旁边萎缩在那里小声说话。当听到母亲脚步声音的时候，吓得又赶紧板板的直起腰杆子跪在那里。我们盼望母亲能早点来解除下跪的惩罚令，可等了很长时间母亲也没过来。后来才知道，当时母亲累得躺在床上，想休息一下再去叫我们可是睡了过去。我们姐妹三个这可怜老实的孩子们，就这样靠在一起跪着睡着了。半夜里，母亲醒来才想起来，"呀！孩子们还在受罚下跪呢！"赶紧过来一看，我们还跪在那里，困倦的早已东倒西歪地靠在一起睡着了。母亲又心痛又内疚地抚摸着我们的头，把我们叫起来，当时我们的腿都麻木了不好使了。我半睡半醒稀里糊涂地上了床，那时候已是后半夜了。从那以后我再也不敢让弟弟离开我的视线。

轰轰烈烈的"文化大革命"闹的天翻地覆，突然有一天大姐从外地赶回来，和四姐俩人紧张而忙碌地找出父母亲解放前的老照片，我记得最清楚的是父母亲穿戴着那个年代，讲究的结婚礼服。凤冠霞帔的像现代唱戏那样的装束的结婚照。上边还有童男、童女拉着母亲的纱裙，还有一些父母老的发黄了的照片都给扔到炉子里烧毁了。当时我看着着急却不知道发生了什么事。父亲不在世了，这些老照片再也不会有了，从小怕事的我，看着姐姐们又急又怕的样子也没问。后来我才知道，父亲被落实到坟头上打成叛徒、特务，母亲在单位里挨整，站板凳上挨斗，单位派人跟踪可怜的母亲，说母亲是父亲的同伙可能还有特务活动，母亲受了不少委屈，可刚强的母亲回到家里从来没讲过。姐姐们怕红卫兵来抄家看到更不得了，因此自己先把自己家给抄了，现在想起来都有些好笑。

一天我接到学校上学的通知，我被分配到第十七中学，地点在南岗区秋林商店下坡上。我心想终于可以上学了，也躲过了最动乱的时期，可父亲莫名其妙的历史问题压得全家透不过气来，大人孩子不敢多说话，要求进步入党、入团、加入红卫兵都一律被拒绝在门外，那个年代无论做什么事情都要和家庭出身联系在一起，政治和家庭出身都当成首要的大问题，影响很大，所以那时候全家人在社会上都抬不起头来。那个"文化大革命"年代就是那个样子草木皆兵的，全国都一样。我在中学那几年里没有团组织部，要求进步只有要求加入红卫兵，我怕同学们知道家里的历史问题，积极响应学校的各项号召，努力去争取进步，无论是军训还是文艺宣传、背诵老三篇都表现非常积极。为了能早点加入红卫兵，一次学校号召支援农业看哪个同学拾大粪多，我为了要求进步多做贡献，就求做教师工作的三姐夫帮忙，大冬天的到荒凉的飞机场边上部队的猪圈里刨猪粪，北方寒冬的三九天，三姐夫高举起铁镐刨上去只能崩下没有巴掌大那么一块，那冻在一起硬的像石头的猪粪，我把铁镐举过头顶，一镐刨下去只能刨下来一些小的碎末儿还溅了一脸。我恶心地马上用袖头掸了掸擦了擦脸，没办法只能全靠姐夫来帮我刨我来装车。北方的冬季零下三十几度，寒冷的天气，可累得三姐夫却是满头大汗，汗珠子掉到猪粪上马上结了冰，我看在眼里心里真是觉着过意不去。就这样在姐夫的帮助下终于拾了一手推车，我吃力地把猪粪送往学校交了上去，得到老师和红卫兵的表扬，好强的我经过在各方面积极努力下，终于最后一批加入了红卫兵组织，好像得到点不受歧视的感觉，减轻了政治上的精神压力。

　　"文革"期间家里变化很大，二姐和四姐响应党号召，毕业后二姐去了小三线贵阳，四姐下了乡，三姐又出嫁了。生活虽说好了点，大一个，走一个，家里没有大人来帮助母亲。那时十四五岁的我算个大的了，母亲起早贪黑上班，家里的一切家务无奈地都压在我幼小的肩上。我开始顶个大人干起家务，办家事，不常出门的我也要硬着头皮去买柴米油盐。那时候烧煤不好买又买不起好煤，只得半夜去煤场把无烟煤买回来做煤球烧。那个年代大道上路灯很少，小路根本没有路灯，每当半夜里去排队买煤的时候，我这个十四岁的小姑娘又胆小又怕事更害怕遇到坏人，被逼无奈的我只得壮着胆子打扮成男孩的样子穿上破棉袄腰间扎根草绳子，带上一顶破棉帽子。我每次都是无奈地含着眼泪，心里紧张地警惕着四周，生怕在什么地方蹿出了个坏人，蹿出来个猫狗的吓一跳。一个人在没有路灯的路上，硬着头皮在伸手不见五指的黑夜里学着男孩子的样子，迈开大步两边晃动着走，我那柔弱的身

30

体，在黑夜里望去，再晃动也看得出是硬装扮的样子，我知道只不过是自我壮壮胆子罢了。每次幸运的话不白排，不然又白起早。记得一年冬天，一连几天都没有排到煤，又没钱买好煤只得买最差的煤。哈尔滨的大冬天里，寒冷的零下三十几摄氏度，我们家的大房子又老又破，屋里冷的喘气都能看到哈气，擦过的地板很快就结了一层薄冰能在上面打出溜滑了。母亲上班不在家，我们三个孩子的手脚都冻烂了。一次，因为头一天晚上忘记把烧柴拿回家烘干，当我放学回家从外边把烧柴拿回来的时候上面沾满了冰雪，我敲打下去了不少可还是很湿，我点炉子点不着，母亲快下班了，越着急越点不着火，我的手都冻僵了不好使，我用那冻得勾勾的不听使唤的手，怎么也点不着那炉火。天黑了，我和小妹小弟三个又冷又饿，围着棉被，挤在火炕的角落里哭，等母亲下班回来。已经是六点多了，天早已黑了，那天又停了电，妈妈一进门点着蜡烛看没点炉子没做饭就急了，也没问青红皂白就训斥我："怎么还没点火？"我俩手互相搓揉着冻僵的手指，吓得我哭啼着用低声颤抖的语调对母亲讲："木柴太潮了，煤又不好点了好久没点着。"母亲听了又看了看我们，眼泪含在眼圈里，过来摸着我们那冰冷的小手，心酸地流下了眼泪不作声了。

那些年繁重的家务无奈地压在我幼小的肩上。每年春耕到了还得耕种，过了清明到五一节的时候，别人家同龄的孩子都和父母亲开心地过着节，可我只有在梦里去寻找那份幸福和快乐，家境贫寒没有父亲的我，只有和母亲在艰苦奋斗中去寻求生的希望。虽然是节假日，可母亲有母亲的活和事，我得在母亲的指导下学着怎么耕种。虽说土地不多，可我年龄小，也要忙个一两天，妈妈告诉我首先要把去年的植物根和杂草，用耙子拢几堆烧掉，这样土壤养得好，再用铁锹来挖地。那时候十四岁的我比锹高不多少，只得用力双手握住铁锹杆的中间，用脚使劲蹬铁锹头，再把土挖掘起来。那时候我的力气只能挖出大半铁锹土，就是这样我一锹一锹吃力地翻了地以后，再把挖出的土块打碎，我的手上起了血泡，我用手绢把手包上，忍着疼痛坚持翻了一天的地，水泡破了血水汗水打湿了手绢，我累得一屁股坐在地里，母亲喊我吃晚饭了，我累得好像钉在地上，全身像散了架子似的不愿动。虽说我肚子里叽里咕噜地在叫，可真是懒得起来，当天晚间我把手上已经破了的水泡，抹上了点红药水，简单包了包，早早地就倒在床上沉沉地睡了。

当我睁眼看到第二天的太阳，好像忘却了昨日的疲劳和伤痛，又拿起锄头接着到园子的地里认真仔细地把翻过的土疙瘩打开，把地扒起垄台。以后的活就轻松得多了，然后在垄台上每隔半米远种上该种的种子，这样隔三天浇一次水，一个星期左右种下的种子就会看到小嫩苗从土里钻了出来，小苗很快就长出了叶子。我细心地浇灌着，看着它们长大、开花、结果，这个过程的感受我感到幸福快乐，虽说累过苦过可收获的季节里，使我得到了自豪感，仿佛自己也跟着成熟和长大了许多，在果实面前苦和累的感觉都不算什么了。虽然我干起活来像个大人，可我还是个好奇的孩子，最喜欢我的黄瓜架，每当雨天黄瓜长得可快了，一天就能长上一寸长，我听大人们传说，每年七月七那天，把一盆水放在黄瓜架下等着，只要心诚就能看到天上的牛郎织女下凡。我这个傻丫头有一年七月七的时候，在黄瓜架下冒雨蹲了两个多小时盼望着能看到牛郎之女，可连个影儿都没见到，却感冒病了一场。邻居的大婶大叔们看我懂事又能干，小小年纪能吃苦每天不停地忙碌，有的心疼，有的经常念叨着说："不知道将来，哪家儿子有福气，能娶上这么个媳妇就好了。"那几年我本来担子就够重的了，大姐还把两个孩子放这让母亲来看，其实母亲上班，平日里还不是我来带，只比外甥女大十岁的我顶个大人来做事，就这样我随着年龄的增长，家务活家务事也在不断的增多，上学前放学后还要把两个外甥女喂饱后接送幼儿园。上学经常迟到，有的时候上厕所都来不及，几次都憋得受不了尿了裤子。有时候抱不动她们也得硬挺着，外甥女要掉下去了我用书包两手拖着。每天忙得不可开交，可那个年代学校不上文化课，整天里就是个穷折腾，今天挖防空洞明天拖砖坯，本来就有类风湿的我浑身疼痛得睡不好觉。懂事的我每天还是起早帮母亲做饭，放学回家还有一大堆家务等着我。苦命的我家里刚能吃饱饭，母亲刚把借的买房钱还得差不多了，又要准备修理房子的钱。

那时候，因为房子破的多处漏雨，每当下大雨的时候，屋里就要用大盆小盆的来接漏雨。有时候家里盆都不够用了，外边下大雨，屋里下小雨。每当母亲去上班，我和小弟小妹们在家的时候，尤其是天快黑下来了，我心里总是有些恐惧感，我望着听着哪漏雨打在不同大小的瓷盆铁盆，由浅到深的雨水里的雨滴那滴答滴答的声响，我静静地看着、听着，仿佛在听着那忧伤、低沉、凄凉的古乐，那滴答的声音在我心里起伏着，有时不由自主地感到忧伤流下了泪水。望着那多处屋顶的裂痕下不停的雨滴，雨下大了，连成了线，我感到无助、害怕、孤独、凄凉，眼泪随着漏雨一起流淌着。雨后的天棚上，漏雨留下的那发黄的水印像铺满了几千年的老的发黄的世界地图。让我最愁最害怕的是秋天里刮起了大风的雨季，大风毫不留情地会把房顶铁瓦盖掀起来卷翻过去。每当这时候，我的日子就不好过，我要顶风冒雨爬上房顶，用一块一块的砖头、石块压上。房顶是铁瓦又加上雨滑的不得了，每次上去都要全神贯注提心吊胆的，老天爷、暴风雨好像有意在磨炼我。记得有一年秋天里一个风雨交加的日子，我在房盖上弯着腰双手扒在铁皮接缝上，脚下直打滑，站也站不稳，无情的大风好像把我也要刮走似的，好不容易爬上一步，风雨太大又滑了下来。眼看着掀起来的铁皮房盖，整个一面子全都要卷翻过去，如果这样的话房盖就全都会被掀开，那可是不可想象的灾难，房盖下是木板锯末子会让大风刮起来大雨浇湿，整个房子是木质的苏联房，我不敢想象又急又怕，紧张地极力控制自己的眼泪告诫自己要坚强哭也没有用，身子直打晃。我仰望着雨天在心里疾呼，老天爷呀！你帮帮我呀！风呀、雨呀你别太猖狂！那天好像是真的有老天爷，我得到了他老人家的怜惜雨下的小点了，可风还很大，这时候窗户正对着我家的邻居和我年龄差不多的小伙子马家老二跑过来，急忙爬了上来帮着干了起来，我来不及说什么只感觉有了希望，紧张的心好像放松了些。那天风雨交加，用砖头压这边，那边就刮起来，两个人费了很大劲才把七十多平方米中间高两边斜坡式一面翻卷过去的房盖压平稳。等从房盖上下来的时候，两个人全身湿透了，我望着那位虽说熟悉但从没说过话的小伙子从心里有说不出来的感激，我急忙说："谢谢你，关键的时候，来帮忙。"平日里母亲不让和男孩子说话，这是第一次，那个小伙子笑了笑转身就跑回了家，这时候的我已经出落成眉清目秀、落落大方、温文尔雅的、十六七岁的大姑娘了。真是老话说，"女大十八变，越变越好看"，我已经不是往日的丑小丫。

那几年母亲为了多存点钱早点修房子，又买了个小猪仔，我又增加了不少体力劳动，托土坯砌猪圈在砌猪圈的时候，那个小伙子看到了又来帮忙，可母亲看到后把他赶走了。我看那小伙子不是滋味地摇了一下头不高兴地走了，其实我心里多想有人来帮帮我呀！纯真的我不理解母亲为什么这样做，天上又下起了蒙蒙细雨，我一个人忙到天黑累得倒在床上就睡着了。可怜的我是个孝顺女儿，为了不让母亲生气，从来是顺着母亲去做任何事，宁可自己吃苦受累。记得那年为了养猪要去酒厂捞酒糟，我带着十四岁的妹妹和十一岁的弟弟清晨五点起床，拉着借来的一套装酒糟的手推车去酒厂占地方捞酒糟。当来到酒厂后那里早已去了很多人了，大多是男人们，也有夫妻俩的，有一家子的不过都是大人们，我看到那里比洗澡堂子热气大得多，几乎看不清人。那个大酒糟池子有两三米深，下边像一个长方形沸腾的巨锅。那热气腾腾的酒糟在冒着泡吐着气，直扑脸，吓坏了我，我又看了看周围的人都是成年的男子，一家子一家子的，只有我十六七岁瘦弱的小姑娘领着小妹小弟，大伙也都流露出好奇和可怜的表情。我心里在流着泪，可表面上没办法被逼无奈硬着头皮含着眼泪学着别人的样子忙碌起来，这时候小弟和小妹也过来帮我拉绳子的拿桶的，有位好心的大婶在喊着告诉我，这里太危险了，小孩子更不能靠近，其实我也怕得不得了心里直紧张浑身紧绷着，我想了想还是决定让小妹和小弟回了家，可弟妹一走我感到一个人孤零零的心里更孤单更害怕心慌，紧张的我看了看四周的大人们，学着大男人的样子咬牙无奈地鼓起勇气把裤腿挽到膝盖上，挽起了袖子，我含泪咬着牙在心里鼓励自己平息着自己紧张的感觉，我想我就是家里的顶梁柱，没有什么可考虑的了，我硬逼着自己去勇敢地面对现实生活。只看我自信地忙起来的样子，把两个小辫子系了一起，活脱脱是个海边打渔的行家，我把小铁喂达罗（从苏联传过来俄语的叫法）也就是说是小铁桶的梁上系了条麻绳，我那细弱的手把那麻绳系了又系，一连系了四五个大疙瘩才放心，又学着大人的样子把小铁桶扔下酒糟池里，只见小铁桶掉在冒着热气的酒糟池里，歪着冒着气泡往下沉两三分钟就满了，我怕掉下去离池子边有一米多远，把一条腿往后伸得很长，前腿弓着弯着腰往后使劲拉着绳子用力把小桶的酒糟拉上来。就这样我提心吊胆的在那看不清人的热酒糟池边不知流了多少汗水，不知多少次有惊无险的心提到了嗓子眼忙碌着，累得我汗水加上热气湿透了我的内衣，干起活来那个不舒服，衣服紧粘贴在了身上，又热又累的我头昏眼花几次晃了晃身子险些倒下去。我感到后怕，万一不注意掉了下去可就没命了。这时候，只听到有人喊了一句"小姑娘！坐下休息一会儿吧！中午了吃点东西吧！"我抹了抹脸上的汗水感谢地向那个人点了点头，其实我肚子早饿得叽哩咕噜地在叫。我累得一屁股坐在地上休息了片刻，拿出来自己从家里带来的苞米面大饼子和咸菜，我抹了把脸上的汗水，也顾不上讲什么卫生了，简单地用衣襟擦了擦手，饿得大口地吃了起来，看我吃得是那样香一连咬上几口，紧闭着小嘴咀嚼着，好像我几天饿得没吃东西的样子。

这次母亲让三姐夫下班来拉酒糟，姐夫怕人手不够和母亲商量求邻居那小伙子马家的老二来帮忙，又借来了手推车和大铁槽子。把大铁槽子装满就算一车。那次拉了两车，三姐夫拉一车我和那小伙子拉一车。那天更难忘的是当车拉到了家街头的时候，路上有一个土包，车一颠酒糟溅得老高洒了出来，正巧从头浇了我一身，我那一瞬间自然反应的紧闭上眼睛，那酒糟是黄色的，顷刻之间我只听到有人哈哈大笑！可想而知，正当十六七岁的大姑娘我的心情是啥滋味，如果有个地缝我都想钻进去躲一躲，我急速地用手抹去脸上的黄色酒糟流着眼泪跑回了家。当晚又累又困的我怎么也睡不着，我把窗户大敞着望着窗外那静静的夜空，听着初秋的风吹动着树叶的声响，我面对着寂静的夜空，心颤抖着流着泪向星空诉说着我的命为何这样苦，我脑海里浮想联翩，心酸的泪不断地流了下来打湿了枕巾，自己在心里安慰着自己，睡吧，明天的太阳会更美丽的！认命吧，等长大了一切都会好起来的！像苏联电影里讲的那样，一切都会有的，面包会有的，我那又累又困倦的眼皮打起架来，抹去心酸的泪水，想象着将来的梦幻沉沉地睡着了。

平日里那个邻居小伙子的弟弟妹妹也常过来帮助干活，母亲严厉地告诉我不能让他们来，更不能让那小伙子来，少和那小伙子说话。听话的我按照母亲说的去做了，每当看到那小伙子我都躲避开。才十六七岁的我因为能干又懂事，母亲的好友和邻里们都来找妈妈提亲。我还小也不懂，只知道有时候，有穿着讲究的大叔大妈们客客气气地来又客客气气地走了，后来我才知道母亲说孩子还小谢绝了，我自己更没想到那么小的我让母亲操心，给母亲添那么多麻烦事。一天家里接到在齐齐哈尔师范大学的嫂子要生孩子的一封信，母亲把家里十六岁算是大人的我叫到身边，告诉我她要去哥那里伺候嫂子月子，嘱咐我在家好好领着小妹小弟过日子，看好小弟别惹事，把鸡喂养好，晚间睡前把门窗关好，谁来敲门也不要开门等等一些不放心的嘱托。就这样母亲向厂里请了假，去了齐齐哈尔的哥哥家。

那时候家里只剩下了我这个十六岁的家长领着弟妹过日子，我又怕又高兴，怕的是有什么事我无依靠了，高兴的是我可以自己说了算了，母亲临走前也嘱托在哈尔滨已成家的三姐常回家看看。母亲走后我每天学着母亲样子早晨起来做饭，然后为鸡切好菜拌上鸡饲料把鸡喂上，忙得我不知所措，经常忙碌地去上学却吃不上饭。弟妹们吃过早餐各自去上学后，我最后一个把门锁好，院子关好大门，有时经常吃不上饭饿着肚子。

那时候正是深秋季节风特别大，我哮喘的毛病又有些不好。有一年哥哥下乡去搞科研，遇到了个老中医给了哥哥一个治疗哮喘病的祖传秘方，哥哥寄了回来。方子上是这样讲的，用一只老母鸡，把一斤江米泡一天再放在鸡肚子里，再放进三两冰糖缝好，蒸熟时别沾水和生铁，做熟后就这样吃不能吃其他调料和其他东西，一顿吃不完下顿接着吃，直到把鸡吃掉。听我的哥哥信中讲治疗哮喘病疗效很好，我那个邻居小伙子的母亲听说后热心地说道："那就吃试试吧！你母亲不在家，我来给你做！"就这样三姐那天来了就决定把家里的那只老母鸡给杀了，那个小伙子的母亲拿过去给做好了拿了过来，我正在憋的张口喘息着，看到邻居大婶端来了那热腾腾按那个方子做好的鸡，当时吃力喘气的我感激地接了过来慢慢咀嚼品味着吃着，心里便觉得那位大婶对我真不错。我高兴地按药方的要求吃了一整天，剩的骨头那位大婶又拿了回去给做了一碗鸡骨头汤端了来，我又一口气喝了下去。就这样我吃了两只鸡，一周后病一天比一天好了起来，看起来这药方真是不错。从那以后很少再犯过哮喘的毛病（如果现在谁有这个病的话不妨吃上一两只试试看）。过了几天当母亲回来后看到少了两只老母鸡很是心痛，有些不太高兴的样子。可看到我的病好了许多也就过去了。日子过得也快，上中学后因为"文化大革命"除了折腾就没上什么文化课，后来刚刚上文化课，数学讲到了开方，物理刚讲杠杆的作用，我刚感到学习有兴趣的时候就到了该毕业的年头，我母亲心里七上八下的生怕我也下乡。四姐从罗北来信让我下乡到她那里去还有个照应，正当不知道怎么办好的时候学校通知下来说有文件：70届毕业生一律分配工作不下乡。这好消息传开，家家户户兴高采烈好像整个世界都在沸腾。

第五章

青春的追忆

　　1971年，我被分配到了一家国营胶合板厂。刚接到通知的时候我误以为是个大集体工厂，痛哭了一场，后来邻居们告诉我那是一家国营大厂而且很富有，那几年那工厂有个绰号叫"林大头"。

　　很少出门的我不知道这工厂在哪，报到的日期到了正当我着急的时候，邻居家那个叫马老二的小伙子说他知道要送我去，我觉得他是个男孩子怎么能让他送呢？母亲知道了不得了，我为难了可又听说那个厂子又是在市郊，车我都不知道怎么坐，我思考了思考，决定背着母亲，让他送好了。第二天是报到的日子，那马老二准时到了门口，在这一路上我得知他是1969届的毕业生也分配到一家工厂工作，我第一次和男孩子走路，第一次同男孩子说这么多的话，脸羞得红一阵热一阵的可不自在了，好像做了什么坏事，心里盼着快点到工厂。那天连坐车带走路有快一个小时了，总算到了工厂的大门口，我高兴的好像是解脱了什么似的，心里舒服多了，也不那么紧张了，放松了许多。我赶紧向那小伙子道一声谢，那马老二笑了笑摆摆手告辞道："我回去了。"说着便转身走了。

　　当我看着他离去的背影的时候却觉得不知为什么会有一种莫名其妙的感觉，不知道是高兴还是感激说不明白，我想可能是从来没有人这样关心过我的缘故吧。当我看到工厂那高大讲究的门脸时心里豁然开朗了许多，兴致勃勃地到劳资科报了到。我被分配到了一车间当了工人，车间主任把我们十几个年轻人领进车间，只听见车间里机械碰撞木头和拉木片稀里哗啦的声响，工人们忙乱的，我头都在发胀，心里像堵块大石头。再一看那阴暗潮湿的机械旁堆放了很多煮得热气腾腾湿漉漉的木头被一根根夹在机床上后，一会儿削成薄片在另一端卷起，有好多工人在忙碌着，当车间主任让我们停下来的时候，我紧张的心好像要跳了出来，因为我有类风湿关节炎生怕被分配到这个鬼地方。我想难道我的命就会这么苦吗？还好点名留下的没有我，我那颗紧张的心放松了许多。这时候还剩下我和另一个女孩还有一个男生，不知道要分配到什么样地方去。我还是提了个心跟着车间主任往车间里走着，过了烘干工序到了最里边一个几百平方米阳光充足敞亮的大车间停了下来，这是拼板工序。我一看放了心，这里有几台拼板机器干净又不潮湿。主任说了句："你们三个分配在这工作，这是拼板小组"。那位主任介绍了一下这里的组长，组长微笑地走过来说了一句："欢迎你们年轻人"，简单地介绍了一下班组里的人员和工作情况。从此十九岁的我踏入了社会，走进了工人阶级的队伍，那是1971年9月8日。

18岁时拉手风琴

　　我上班不到一年有一天下午夜班，刚到厂里上班，十四岁的小弟弟来找我说，和姐姐告别来了，来不及等母亲下班，马上就得上火车，说他去参军当小兵了。小弟是个内向的孩子平日里什么事都不愿意讲。这时我心急地对小弟说："这么大的事早不说要上火车了才讲，什么也没准备呀说走就走！"我看小弟焦急的样子马上请了假，用自己仅有的几元钱给弟弟买了牙具、毛巾急忙回家用书包装好，其他的什么也没带，我把弟弟送到街头正好碰上母亲下班，母亲听了以后急了反问道："马上要走？"急切的表情里含着泪水说："孩子怎么从来没跟妈妈讲过。"弟弟笑笑劝解着母亲说："别生气，同学爸爸给办的，因为学校不正常上课，我们这几个班干部都走了"，一边解释一边向母亲说："来不及了，要误点了"，急速地加快了脚步摆手喊了一声"我到了部队给家里再写信"。

　　就这样弟弟当兵去了，我和母亲望着弟弟的背影在远处消失，只见母亲流下了泪水，我的心情特不是滋味，眼里充满泪水。我和母亲拖着沉重的步子，沉沉的心绪回到了家，仿佛房子里空间更大了，本来房子就多又大，一下子显得特别的安静。弟弟去当兵走了半年后，妹妹也下乡插队去了。这样家里只剩下了我和母亲两个人，好强讲究的母亲看家里的房子有几年没刷了，对我说："咱娘俩刷刷房子吧！"懂事的我怕母亲生气无论是对是错从来是顺着母亲的。为了省钱母亲说咱娘俩自己来刷，没办法我只能利用下夜班的时间按着母亲的指示做好准备工作，买来刷房子用的石灰块、盐、颜料等，妈妈还借来了刷房子用的刷子和印花的刻板。在妈妈的指导下，我下了夜班找了件破大褂，戴上一顶旧布帽子干了起来。十九岁的我在没有父亲的生活中，早已经习惯于硬撑着去干自己从没干过的男孩子的活，咬牙去克服一切困难，我把石灰块泡在旧水缸里又放了点盐粒，母亲说这样不容易掉色，泡了一上午后我认真地调配好了颜色，便鼓起了勇气开始刷房子，刷子杆两米多长刷子头小刷起来很吃力，刷了几下才只能刷一小条，尤其是天棚更艰难控制，没刷几下累得胳膊就酸软得不听使唤，没了力气，不由自主地掉了下来。苏联房高我只得又蹬上个凳子仰面刷天棚，可是要时刻注意往下滴的石灰水别掉在眼睛里，我眯起眼睛刷着天棚的时候石灰水不断地往下滴，再小心也有时候还是滴到了眼睛里，吓得我怕烧坏眼睛急忙去用凉水冲洗眼睛。脸上就更不用说了，得三五分钟就要赶快去洗一把脸不然会干在脸上烧坏皮肤，衣服上就不用看了，也不用去想它。就这样一个瘦弱女孩的我含着泪，怀着那难以描述的苦涩心情，以疲惫不堪的样子，艰难地刷了一个星期，总算几个房间有了个模样。母亲星期日休息和我一起刷，屋顶边的墙壁上印上了浅蓝色花边，敞亮青白色的墙显得房子又大了许多，墙壁离地一米高处用蓝色打上粗细两条的围墙杠，看上去雅观而又很舒适。房子干净了，洁白的布帽子变成了头盔，大褂变成了盔甲，我自从刷房子以来下夜班一连几天没好好睡上一觉了，在夜班里又疲乏又困的我精疲力竭憔悴的样子，让人看上去很是心疼可怜，师傅们关心地寻问我是不是生病了，我如实地讲述了在家刷房子的事，师傅们摇晃着头长叹着气，安慰道要注意安全要注意身体，有一位老师傅自语道小小的年纪家庭负担这么重，当个男孩子做事。我在那几天夜班工作的日子里，有一次困得我还差一点儿没把手压到机器下边，我现在想起来都感到后怕。

　　三姐虽说结婚成家了也经常回家。有一天三姐对母亲讲，邻居家那个小伙子的妈妈，让三姐和妈妈商量将来能不能把"小尾巴"给那马家做儿媳妇，当时母亲听了大发雷霆地说道："不行，癞蛤蟆想吃天鹅肉，妄想！"那天母亲把本来就没有什么事也什么都不懂得的我叫到屋里狠狠教训了一顿，当时我感到摸不到头脑，我想问个明白，可当时母亲不准我说话，我早已习惯了在母亲面前不管发多大脾气，只是听着怎么委屈从不反驳的习惯和性格，母亲严厉地告诫道："不准和那家的马老二说一句话。"从那以后我碰到那小伙子总是躲着走。有一天我去挑水碰到了那个小伙子，他向我打招呼，我无奈地摆了摆手，正巧让下班的母亲看到了，我刚回到家水桶还没放下，母亲二话没说上去打了我一个嘴巴，把我打蒙了，母亲从来是不打我们孩子脸的，我想着这是怎么了？我犯什么严重错误了？我还没反应过来，母亲急切地把我叫到里屋没头没脑地训斥了一番，说道："'小尾巴'，你不听妈妈的话了，妈妈不是不让你理他吗？怎么还和他打招呼？"等等，蒙受天大的委屈的我，向母亲解释母亲根本不听。我冤枉无奈地哭着跑出了大门，独自走在路人稀少的小街上流着眼泪，这时候那个小伙子追在我后边喊我，我心想他怎么又出现了，他追上来说："我在院里听见了你母亲骂你，又看见了你跑了出来我就跟了出来，你怎么了，你别生气"，马老二劝解道，我流着泪不高兴地躲开他，顺着大道走着，他紧跟着劝说着检讨着："都是我不好都怪我妈，我想等长大了再说多好，可我妈不听。"那小伙子一个人在唠叨着，我似听非听地抹着眼泪，他追上我和我并肩的时候我便紧跑两步，心想烦不烦人，要不是你我能受这么大委屈吗？我没有目的气冲冲快步傻傻地走着直线，不知不觉中走到了秋林，那马家小伙子还跟在后边，这时候听他在后边说道："都走到这了，我陪你干脆到江边去看看得了！"我委屈的心情还在伤心，心想本来我没什么也不懂也没想过那么多，可这回我还真跟他去了一次江边，于是我也没说话，只是顺着江边的方向走去，刚到了江边这时候天下起了小雨，我揉着红肿的眼睛仰起头深深地大喘了一口气，坐在了一块大石头上，马老二在后边把他外衣脱下盖在我的头上，小雨还在下着，他身上只穿着的白色衬衫快要湿透了，傻傻地站在我身边，一会儿他顶着雨也跟着坐了下来，他凝视着我那沉思中冷冰冰的表情，两个人谁也没说话，过了一会儿他说了句："你转过脸来，我有话告诉你"，当时我脑子里还在翻滚着母亲那没有根据的叫骂和那严厉的训斥，突然那小伙子的话打断了我的心绪，我没加思索地转过脸来，结果马老二突然猛地吻了一下我的额头，紧接着自言自语道："从现在起咱们俩就是夫妻了。"我被他这突然间的表现和莫名其妙的语言吓得惊慌失措，我猛地站起身来，随着自然保护的反应顺手狠狠地推了他一下。紧接着我惊吓紧张害羞涨红了的脸上的表情气愤得无法形容，只见我两眼愤怒地瞪着他，用手用力擦着被马老二吻过的额头，心脏怦怦跳得快要出来了似的，脸红一阵白一阵的，烦躁委屈地急步跑到江边用江水洗了又洗，恨不能把皮洗掉才算甘心。我心里恨死那马老二了，妈妈说过要少和小伙子说话，更不能让男生碰一点，我心想我这是怎么了迷迷糊糊的。我在浪花推动的江水边，气愤委屈地洗了又洗，气冲冲地跑到岸上。我头一回发了那么大的脾气，气愤得压低了嗓音，生怕别人听见笑话，对他说："你不是个好人，我得赶快回家了不然我母亲会着急的。"我刚要起步又停了下来，沉思了片刻静了静心情。对他说道："我求你一件事，从今以后我们碰见的时候，你不要再打招呼了，我们还小我真的什么都不懂，也从没想过和男孩多来往。"我话音刚落没想到那马老二听了我那几句话低下了头，不作声眼泪流了下来，我看到此景，心里有些不理解又觉得他有些可怜。我经过片刻间的思想斗争，一向家教严格的我觉得听母亲的话没错，再说我想起他刚才的表现恨死他了，觉得他在欺负我不是好人，自己警告自己得马上离开他，一分钟都不能和他在一起了。我果断地没理睬他，气呼呼地一个人坐上车回了家。

我至今想起来，觉得很好笑，天真得有意思，傻得可爱。这场风波很快就过去了。

家里大房子大院子平日里除了我们娘俩以外，只有那些鸡鸭鹅狗的叫声，我每天繁多的家务事的担子不但没减轻反倒增加了许多。家里的外边七个兄妹不是这个回来就是那个走。有一次大姐带着两个孩子走是半夜的火车，还是小弟那位懂事常来帮助我干活的大力同学帮忙去送的站。那几年我常常要今天接站，明天送站的，南来北往的，还得像招待客人一样伺候着哥姐们，这可倒好我又成了个服务员，母亲风趣地说："我们娘俩干脆挂个招待所的大牌子算了。"就这样尽管家里忙得不可开交，要强的我，在单位里工作上还是积极肯干被评上过先进工作者。好学的我，1972年考上了工业大学的夜大外语系，我把自己的时间加码加得没有了空隙。上夜校学习的时候要占用两个小时夜班工作时间，要到车间主任那批准，我找到主任说明情况后，主任考虑了一会儿说："现在想学习的不多了，你是个难得的年轻人。"点头答应下来。我高兴得工作起来更卖力气了。我边上班边学习，开学那天当我走进大学的校门，心情格外舒畅教室在工大的主楼上课，阶梯式的教室，我们的老师是留美回来的教授，说一口流利的英语，是一个气度不凡的五十多岁的小老太太，我夜班时得先上一会儿班，才能去上学，所以经常迟到几分钟，每当这时候我总是轻轻地打开门，礼貌地向老师行个礼再走向座位，老师知道我要上一会儿夜班也理解我，并喜欢我那种刻苦学习的精神，每当我迟到了独自悄悄走上那阶梯式的教室里的时候，虽然老师还在讲着课，可全班同学的目光都在看着我，都喜欢看我进教室的过程，班里我年纪最小，气质文雅，又懂礼貌，很少和别人讲话，同学们都亲切地叫我小不点，同学和老师都很喜欢我，我口语好，老师总在课堂上提问我，经常让我朗读课文。虽说我上班已有一年多了，我的穿着打扮还是那样朴素大方，二十岁的我蓝裤子上还能看到那么一两块补的补丁，虽说是这样可我气质高雅，走起路来稳重大方，每当我走在车间里，常会听到后边有些老师傅们，在悄悄地谈论我，看这姑娘穿着朴素还爱学习，很少看她大声说笑过，这样的姑娘不多见了，我在厂里不知不觉地留下了非常好的评价。

可那时候年轻的小伙子们见我的时候，我偶尔会听到一句刺耳的冷血动物的词来、当时我并不理解也没在意，后来才知道因为我很少和男孩说话的原因，男青年想接近我很困难。整天忙碌的我，转眼间二十几岁了，可从来没考虑过个人问题。有些老师傅们和好心的同志们背地里找到我的工作组长给我介绍对象。组长一次有意地问我，有没有男朋友想找个什么样的，我实在地告诉了师傅现在还没考虑过，家里都是知识分子，所以准备找个大学毕业生为伴侣。从那以后经常可以看到有厂里的同事在组长耳边细语后，看了看我就走了。很快厂里都知道我要求高，找对象要找大学毕业生。一次组里的一男青年对我不满，问我为什么不和他说话，并鸡蛋里挑骨头找我的毛病和我吵闹起来，从来不会吵架的我哭了，后来车间主任把我们叫到办公室解决问题，主任问那男青年为什么吵架，那男青年说她为什么找对象要找大学毕业生，为什么和别人说话不和我说，主任解释道："找对象父母只能提出看法和意见，至于其他人没有权力干涉，关于她和不和谁说话问题，那是每个人的自由"，文静老实的我哭泣着，主任的解释也是我要说的我心里话，我得到了安慰和平衡。

我追忆起这件事感到啼笑皆非，想起来那个男青年可太霸道了，真是孩子气，至今想起来我非常感谢那位车间主任的理解和解围。那几年，为了帮母亲存钱修理房子，我每月工资全部交给母亲，我每个月挣三十七元钱，母亲每月给我两元钱零花钱，我存起来准备买一块手表上班上学好用。那时候工资低，我每月开三十七元四角钱，那时候大学毕业能开五十六元的工资，我每月两元钱不舍得花，存了几年总算存够买一块手表的了，我把那点钱用手绢包着，打开看了又看，摸了又摸，我多需要有一只手表看时间呀，可家里需要钱修理房子，懂事的我还是交给了母亲。好强的我怕自己占用工作时间去学习同事们有意见，单位再不给我时间学习，我便拼命地工作得到了同事们的支持和理解，懂事的我还要把家里家务料理好抓住时间的空隙，無论在走路还是工作或做家务的时候，常在默背着英语单词和课文。在我两年的苦读后，我能在字典的配合下翻译资料，厂里技术科负责人听说后找到我，谈话鼓励我说好好学厂里正缺少翻译资料的人才，找机会过去先帮忙看看再调过去，在那位技术科领导的鼓励下我更有了劲头，我从小就有爱学习的梦，只因生不逢时一直是个梦。命运在捉弄着我，正当我埋头苦学的时候车间主任找我谈话，说车间工作太忙不能给我学习时间了。我听了顿时心情冷得如同掉进了冰窖，眼看着再有两年就毕业，就可以拿到大学文凭的我痛苦得吃不下睡不好，几天里憔悴了许多，我又不能辞掉工作，我的梦又破灭了，无奈我告别了同学和老师，那位教授惋惜地告诉我："学校的大门永远向你敞开着，你随时都可以回来插班再读。"我感激地流下了眼泪，深深鞠了个躬离开了可爱的老师可爱的同学，恋恋不舍地离开了那难忘的哈尔滨工业大学的校园。

我不知道上天把我的命运推向何处，有意把我生在那个年代，有意把我留在这个家里，又有意把我分配到木材厂。那年家里修理房子，我向厂里提申请批了一米多木材，因为没钱买好木材，只得买几份好木料以外，又买了一米圆木芯子，木芯子是去了做胶合板料以后剩下的木芯，当时木芯的料也很紧张，我在车间下了夜班，不爱求人的我在半夜里把一根根那两米长比碗口粗湿漉漉的木芯子艰难地扛到角落里堆放在一起，用破树皮盖好后已经是第二天的清晨三点多了，我那细嫩的肩上压出了血印，累得精疲力竭，我已经没有了困意，摇晃着疲惫的身体回到夜班宿舍。天已经快亮了，我悄悄地倒在大床上迷迷糊糊地睡着了，睡得正香时隐约中听到有人叫我，我疲倦的勉强睁开眼睛看到母亲叫我，我好像在梦里还没睡醒，猛然想起，哦！这是在厂里今天要拉木料的，母亲不放心上班前来厂里看看。我急忙爬起来和母亲到车间里去看看木料，可一看我傻了眼，我艰辛选好的木料放好了的少了一大半，母亲不高兴地把我说了一顿，命令的口吻说道："家里等着用，今天必须拉回去。"母亲严厉的话语使我心里酸溜溜的，母亲像位领导，训完我上班去了。我又累又委屈的心里流着泪，咬牙又去挑选了十几根木芯扛在一起，求同事帮着看好，我便急忙坐车回到离厂很远一个多小时的家里，借来手推车又借来打气筒打足了气，这样紧忙碌来回用了两个多小时回到厂里装好木料，这时候有几个同事和几个小伙子要帮我送回家，我考虑了再三还是一咬牙谢绝了他们的好意，一个人往回拉算了免得又有些烦心事。从厂里到家是跨两个区，对于一个女孩子来说，要拉上一手推车木料是多么艰巨多么艰难，我自己不敢去想，只是拼命往前拉着车，一天一夜没有睡觉地我吃力地拉着一车沉重的湿木材艰难地行走着，还好那时候学习雷锋精神的风气还很浓，有些好心行人可怜我有时候能过来帮着拉上一把，到了快到家的一个上坡我怎么也拉不动了，后来正巧有十几个中学生放学路过，看到我艰难吃力地拉不上去，十几个学生一起拥了上来，帮我拉过了坡帮了我这个大忙，老话说不该死总是有救的，我千谢万谢这些学生，并叮嘱他们好好学习一定要考上大学。哈尔滨初春的风还是带有寒意的，可我擦汗的毛巾早已湿透了。我总算艰难地把木料拉回了家，还要感谢那些学习雷锋的好心人，这一天一夜里没来得及休息的我，在家里小坐了片刻就上夜班去了。

人之常情，姑娘大了一家女，百家求。二十二三岁的我出落得让母亲操了不少心，热心的亲朋好友关心我个人问题，一次母亲的一位在大学做教授的同学到家里来给我介绍一位是日本人留下的孩子——日本遗孤，母亲一听吓坏了说："不行，我们家不能再沾外国人的边了，尤其是日本人，'文革'我们已经受够了，谢您的好意，我心领了。"只听见那人开玩笑地说道："怕你们家再有人跟踪呀？"我在我的房间里听到母亲和那位老同学交谈着，紧接着听到两个人哈哈大笑了起来。母亲客气地把那位老同学送出了家门。母亲的好友也好，同事邻里们也好，谁看了我都会向母亲提起给我介绍对象的问题，可我没考虑过，那年秋天正赶上四姐、姐夫回来，对面邻居的高婶给我介绍一个工大毕业的留校老师，小伙子长得不错，母亲说带我去看看可我死活不去，后来母亲和四姐去看了以后说不错，又逼着我去看了看，当我没进门就听到那小伙子滔滔不绝高谈阔论的谈话声，我小坐了片刻就走了出去，回到家里母亲姐姐都说可以处处看，可我却说人长得还不错可看上去不是很稳重，老话说肚子里真有学问的人是不会滔滔不绝的，四姐那边说道："看你找个什么样的！"我不加思考地说了一句："要找就找个顶天立地的，干脆我不找了。"四姐夫拿来纸笔逗我说道："好，你写一张保证书好喽"，我真地写了上去，四姐、姐夫开玩笑地说了句："咱们瞧着看着这张保证书，给你留着。"我知道姐姐、姐夫在开玩笑罢了。

追我的小伙子不少，说实话都蛮精神的，可就是没有满意的。母亲劝说我说道："姑娘大了，一家女百家求，你也大了，你也不能不考虑个人问题了。"我无意顺嘴胡说了一句："我的对象在宾县呢！"母亲听了当真的了，当时只见母亲愣了一下神，急了说道："你可不能不管妈也去了外地呀，就咱们娘俩了你不能再离开妈了"，我偷偷乐了，其实我哪里有什么对象是顺口胡说的，就是宾县在哪里什么地方我都不知道。可母亲半信半疑的，那时候四姐下乡还没返城，姐夫在北京工作，把几个月的孩子小毛毛临时放在哈尔滨找了个人家给看着，我天天接。一天我发现小毛毛胳膊不爱动就和母亲急忙抱到医院去看医生，医生看了说不要紧，是关节脱了节，马上就好说着医生俩手捏了捏，只听小毛毛哇地哭了一声就没事了全好了。在回来的路上我抱着毛毛在前边走着，后来发现母亲半天也没跟过来，我回过头看见母亲在和一位阿姨开心地说着什么，我只得抱着孩子耐心等着，过了半个多小时母亲喜盈盈地走了过来，说那是她过去的同事问我抱的孩子是不是我的，妈告诉她是四姐的孩子，这是老五还没有对象呢，那位同事高兴地说："那太好了，要给介绍一个"，可妈说："我们可要大学生"，那位阿姨急忙说："我说的正是大学生"，半开玩笑地说："有才不缺德，人品很好。"母亲听了高兴地说就要找这样的，母亲当时在那边就定了下来，相看的日子是一个星期天，母亲带我去看对象，母亲先进了屋我跟着进去了，当看到那小伙子的时候心里有说不出来的感觉，小伙子又瘦又矮长得看上去很老，母亲和他唠了两句就走了出去，我看母亲出去了，自然也起身往外走了，正在这时候那小伙子正接过介绍人给他倒的一杯茶水，他连说了两句"多谢！多谢！"我看了他一眼觉得气质很好，感觉到他的声音那么洪亮而真诚纯朴，本来我也是没相中的，当听了这两句"多谢！多谢！"我又看了他一眼以后，给我留下了他很有修养的感觉，我出来以后看着母亲直摇头，用手比画着意思是个头太矮又丑又老，母亲没看好便问我的意见，我考虑了片刻没说话，这时候介绍人出来说相处相处了解了解再看吧！就这样定下来，我人生恋爱的第一次约会。回到家里母亲对姐姐们一学如何如何，母亲对姐姐们说，也众说纷纭。过了两个星期的一个星期日是我们第一次约会，那是在哈尔滨南岗区秋林商店，对面的新华书店门前，那男青年姓陈，那天是一个深秋的季节，我简单地修饰了一下自己。毛衣外边套着紫色小白菊花的便服布上衣，身下毛裤外套的是一条黑色的布裤子，脚上穿着一双很旧的黑色二棉鞋，梳两条一尺多长的小辫子，系一条天蓝色的长围巾，胸前背后各搭一半，文静而洒脱地站在离书店门三四米远的栏杆旁，我看着早已站在那里的小陈可心里总是不想主动过去，心想第一次约会女孩子嘛总要拿拿架子才好，我细看了一眼那位男青年心里好像不是滋味，又老又丑又瘦又小，裤角拖拉地上，心想回去算了，正当我犹豫的时候，那个男青年微笑着走了过来，他一开口说话便吸引了我，他声音洪亮而温柔，我自觉不自觉地跟他走着，路上有一个水坑，小陈便马上告诉我："别踩水"等等，总之关心我像关心一个孩子，我们的约会每次都是从这种感觉开始，几次约会过去我的心情总是和第一次约会一样的感觉，想丢弃他又让他那内在的什么东西给抓住似的，当看到男朋友的外表时总是心里不舒服，可听他说话和无微不至地关心照顾我，总是感到有离不开他的感觉，不知道为什么，也许这也是命运的安排吧。

小陈家里兄妹九个，我家里是兄妹八个，我们俩人都是排行老六，真是门当户对的，那个年代一般找对象男女双方都是有政治色彩的，很注重家庭出身和成分的，可我们两个人谁也没有提起过此事，其实小陈的大哥是"右派"，我家庭社会关系就更是复杂，母亲落实坟头上是日本特务、叛徒，家里的社会关系有地主资本家等等。

一次小陈休息到家里帮我定板杖子，两个人正忙着，家里来了位十几年不见的老邻居的儿子，个头不高浓眉大眼挺精神的，母亲接待了他，我和男朋友在院里干着活说笑着，那位小伙子在屋里问我母亲："车婶，小尾巴有男朋友了吗？"我的母亲，指了指外边说："那就是，正在和小尾巴干活呢！"那个小伙子转过脸看了看外边正在干活的默契的一对恋人，表情马上显得不高兴不自然了，只听他说："哦。"没过一会儿便说要走，"大婶我走了"，我母亲说了一句："十几年不来，这就走还是在这帮我干活吃了饭再走"，那小伙子知道母亲知道他会木匠活，沉思了片刻不好意思不帮忙，就留了下来，这样一来我和小陈就不好过了，小陈是个知识分子很少干活，那小伙子会木工活，有时候有意刁难小陈，我在一旁看着急，常常动脑筋来给他们解围，可苦了小陈了，总算到了中午吃午饭的时候了，我母亲包的山东大包子是特有的风格方式做的，用大白菜块和猪肉块再放一些调料，馅大皮薄，蒸出来吃上一口香得很。那时候我不知道小陈不吃肉尤其是还有肥肉的包子，我母亲端上包子、大米粥和酱油醋、还有一小碟咸菜让我们三个先吃饭，在饭桌上那小伙子和小陈含沙射影地贬低对方。小陈为了不让那小伙子挑毛病，不能吃肉的他愣是闭着眼睛一口一口地吞包子，生怕一口咬上肥肉恶心再吐了出来丢面子。这顿饭吃得三个人都不舒服。

总算吃完了这顿午餐，像一场智力幽默赛总算结束了。那小伙子有些待不下去了就告辞了。我和小陈你看看我，我看看你，相对笑了笑，总算松了口气，我差一点儿没让小陈误会以为以前和那位小伙相处过。那顿饭吃过事后的很长时间我才知道小陈不能吃肥肉，一吃就恶心，我说："那你干吗不说？"小陈说："那小子本来老挑我毛病，我只能受罪了。"我笑着问："那你是怎么咽下去的？"小陈说："没嚼，一口口吞的，干活也累了也饿了，不然我就不吃了。"我和小陈相对着又大笑了起来。几次约会过去，我们互相总是很礼貌，很客气。每当我们坐在一条长凳时，我总是好像提防坏人似的总要讲究距离。一次小陈来家里看我的时候看没人，小陈抚摸着我的头，突然轻轻地吻了我的嘴一下，我猛地推开了他，心想不是好人才这样呢。小陈不好意思地脸色通红，当时搞得很尴尬，我怕极了羞极了。小陈也不好意思地道着歉，我转身去粮店买粮，小陈紧跟了出去。后来我和厂里的几个要好的小姐妹在一起说起秘密话，谈恋爱问题的时候我试探着说男友吻了我的事，问女友这算不算是个坏人，女友们哈哈大笑起来，说一句："傻瓜，这是谈恋爱很正常的事！"我恍然大悟，心想人生要明白的要接触的事情太多了，我心里觉得自己真傻让男朋友搞的很不好意思。

两个月过去了，我的男友小陈到杭州出差了，这时候我有了男朋友的事厂里还没人知道，积极要求入团的我因老爸历史问题迟迟没有批下来。一天团部书记找我谈话，说我工作学习各方面都不错，父亲历史问题调查回来就可以批下来了，不过不知道有没有男朋友，如果要是结婚的话就不能批了。没过两天那位车间主任派团支部书记来说有事找我去一趟办公室，我心里在想这两天怎么了，心里七上八下的。我走进了主任办公室，一进门那位主任微笑地站了起来客气地说："坐下吧！今天叫你来是有点儿私事，想给你介绍个对象，你不是要找个大学生吗？我外甥大学刚毕业不知道你是不是能有意看看？"我真诚地告诉主任自己已经有了男朋友，谢谢主任的关怀，让主任操心了，那位主任不甘心地又追问道："你们相处得如何，还好吗？"我沉思了片刻答道："还不错。"主任又问了一句："相处多久了？"我回答道："有两个多月了。"主任叹息地说："可惜，晚了一步。"我向那位主任客气了几句，走出办公室。

　　忠厚老实的我也没想过看看比较比较哪一个人好，现在想起来感觉有些傻，我那时让母亲教育得纯真透明有些傻。没过两天正当我上夜班休息吃晚饭的时候，手里正拿着在车间气锅里刚煮熟的热腾腾的大碴子大豆饭和在家里带来的咸菜吃得津津有味，听着几个要好的姑娘们说着笑话的时候，进来一个陌生的男同志，夜间车间里的灯光暗我只看到那人向我微笑，我认真地看了一眼，紧张得脸涨红了，心想他怎么到车间里来了，原来是出差一个多月的我那位痴情的男友为了能早点回来见到我，卧铺票不好买他没等同事们一起回来，一个人坐硬座赶回来了，刚下火车就赶了过来。我一看就知道他的穿戴打扮是精心设计过的，上身穿了一件便服蓝色的布衣，下身穿的是一件深蓝色涤卡裤子，自然的发型，系一条灰白色带有细蓝色条纹的小围脖，戴一副白色透明镜框的近视眼镜，虽然一米七二的个头不算高，却蛮有精神头，气质很好。我红着脸紧张地迎了上去，我本来怕同事们看见把男朋友领到车间来不好，想带他出去，可大方的他，当走到我工作的地方便说了一句："我们就在这唠一会儿好吗！"我心想这可不好，可又不好说什么，我俩简单地说了几句就到了工作的时间，同事们都来上班了，我不好意思地向男朋友说："我们出去好吗？"男友这才跟我走出了车间。把男朋友送走后，我刚回来，我的那位组长用讽刺的口语说道："看人家找个大学生上车间里谈恋爱多大方！"我听了觉得很没面子，心里不是个滋味，不好意思地低着头忙碌着。接着几天后，我有了男朋友的消息全厂都知道了。那位组长说着风凉话，"到底是大学生在厂里众人面前谈上几分钟，全厂就都知道咱们这位高傲的大小姐有了男朋友，以后我这个组长也省心了。"平日里这个组长向我问来问去寻根问底的，男友多大了？哪里工作？等等……听说年龄大了点，又说上了几句风凉话，说什么大七八岁找个爹得了很难听！我只当没听见。

　　我男朋友是在设计院搞土木设计结构力学工作的，设计任务多很忙。他又是一个主要力量的年轻人，男朋友很少有时间和我约会，一次去到哈尔滨电影院看电影，我在影院门口等了很长时间男朋友才来，我很不高兴。我男朋友一再解释道歉，电影没看成，俩人走回了家。在这一路上小陈聊了很多，有意逗我开心，我们好一会儿才和好。我记得有一次星期天，我们约会是去公园，俩人坐在一条板凳上，我听着男朋友给我念一本书上的故事，一边念着还有声有色地解说着，就这样一会儿就是半天，这也是我们在谈恋爱的方式。记得还有一次难忘的约会去他二姐家，他二姐厂里发的电影票给我俩去看了。我们到的时候，电影已开演了，那个影院的椅子是很长的一条长凳。我们两人因去晚了里边已坐满了人，有一对夫妇已坐在里边。我男朋友把我让到里边先坐了下来，里边坐的是一位男士，因为来晚了，已开演多长时间都不知道，我想知道电影演了几分钟就知道差不多的内容了，便向旁边的那位男士问了一句："同志，开演多久了？"那位男士告诉我："十分钟。"这时候我看小陈脸上的表情马上起了变化，非常不高兴压低嗓音狠狠地说了一句："你认识他吗？"我看着男朋友那难看的表情心里很不高兴，可我却没说话。俩人都在怄气闹起别扭来，互相谁也不理谁。电影也没法看下去了，坐了一会我心里实在是不高兴，心想我也没对那人说什么，这个人怎么这样！电影没看完我就往外走。我男朋友急忙也跟了出去。俩人都不高兴的别别扭扭地走着，我走得飞快男朋友紧跟着，我俩像是在竞走比赛，小陈压不住了又气冲冲地说了一句："你不认识他跟他说什么话？"我听了更是火上浇油，没有好态度地回了一句："我又没说什么，只问了一句电影什么时候开演的！"我还是气冲冲地往前走着，男朋友紧跟着后面。我心想这人怎么这样，这一点小事就变了脸以后可怎么办，能生活在一起吗？我真的有些怀疑。我心里特别不好受，那天是我上夜班，每次约会后上夜班的时候，我男朋友都是把我送到工厂门口望着我走进车间里才回去，今天我气急了真的感觉他这个人的脾气性格太难以接受，没想到还是个小心眼儿，平日里很温柔的，他脾气上来说变脸就变脸了。当我们走到一个车站，我一激动心里想气气他，走得很急，正好有一辆通往我单位的公车，又刚好开着门要启动，我在小陈没有准备的情况下一个人跳了上去，车门"咔"的一声关上了，车开动了。我的男朋友刚要上被关在了车下面。只看他急得直转，我在车上边看到他着急的样子又是心疼又是可气。这时正好又来了辆汽车，我那位男朋友急忙上了去，当我刚下车快走到单位门口的时候男朋友也赶了上来，这时候我感到心情实在不好，觉得气他气的还不够本，就灵机一动又生一计，当我那位男朋友追上我的时候看到了一位同事，我向那位同事摆了摆手喊了一句："麻烦你给我请个假，我今天家里有事不去上班了，谢谢您！"边说边往车站走着，我一直没和小陈说话，走得还是那么急，男朋友跟随着我，我看来了辆车跑了几步又一个人上了车，回到家里，心情不好的样子让母亲一眼看出来了，母亲问我，我便一一告诉了母亲，母亲批评我说话不能太过分了，我感到母亲的话有道理，可我夜里想起来心里还是委屈，又觉得自己也是有点过分了，回忆当时的情景又好气又好笑，我哭笑不得地进入了梦境。

第二天，虽然说还生小陈的气，可心里却在焦急地盼望着小陈的门铃声，盼他能来可又怕他来，心里总觉得委屈。男朋友比我大好几岁本该很温柔，可他的性格很怪还小心眼，心里好气，心想才懒得见他呢！可又不知为什么又盼望他能马上来到我身边，觉得向他发发脾气心里才好受些，这可能就是爱吧！正当我又气又烦一分一秒地看着那嘀嗒的钟表时，已是上午十点钟，门铃声终于响了。我让外甥女去开门，我在屋里听到小陈那洪亮的声音心想真的是他，心里又高兴又有些气，还想拿拿架子躲进了自己的房间十几分钟没出来。这时候我偷偷地看男朋友一眼，看他那焦急的样子，心里好像找到了些平衡，在心里悄悄乐，我还是没有出去可心里还在挂念他，他工作那么忙还是来了。过一会儿还是我男朋友投降了，拿了一副扑克牌走进我的房间看着我自言自语说道："还生气哪！我来给你算一卦如何？"自己手里洗着扑克牌微笑着说："看起来今后过日子，我要是把盘子打了一个，你还不得把碗柜给砸了。"我心里在偷偷乐，男朋友慢慢地试探着拉我的手，温柔地安慰道："行了行了，我愿意行吧！"我终于耐不住笑了，男朋友说："我们结婚后你不干的我干，你不吃的我吃这还不行吗？"我这才感到心里温暖了许多，心想看起来我还真得嫁给他喽！后来才知道他那天上班心神不安什么也干不下去，椅子上像长了钉子似的在挂念着我，搞设计也搞不下去便乘车跑了过来。

日子转眼间到了第二年春天，我和小陈的恋爱到了两天看不到三天早早就得见面的热恋之中。小陈向我的母亲提出要和我结婚的事，我的母亲看我们相处得很好，小陈年纪也不小了，就答应下来我们俩人的婚事。

1976年恋爱时合影

　　为了筹备婚事，一天，小陈设计任务忙就把图纸拿到我家里来搞计算，我说等我洗洗头然后我们俩去上街，我洗过头梳头的时候用梳子分后边的头发缝不知道分得直不直，让小陈给看看，小陈正在搞计算说一句"稍等"，然后自语道"二分之一"，我听他那边说二分之一，也就把一边一个小辫子编了起来，当走到大街上的时候，小陈说："你怎么搞的，头发后边七扭八歪没分好。"我说我问你分的直不直你说二分之一的，小陈哈哈大笑了起来，说："我根本没听见你说什么，我在搞计算随便叨咕的，不知道你那边在干什么。"俩人看了看对方傻笑了一会儿，我到了单位里当笑话和同事们说他们都笑，这对一痴一呆的恋人傻得可爱。

　　1976年4月12日的那天，我俩各自拿着自家的户口本走在去结婚登记处的路上，看得出小陈满脸的喜悦，可我的心情却不平静，也不知道怎么个心情沉重而低落，觉得像梦一样，心想难道就这样踏进别人家的门槛，要和他过一辈子了吗？心里七上八下地在想，人生之路漫漫我会是个什么样的命运呢？难以想象。不知不觉走进了登记处，负责登记的那个人看了看两个户口晚婚的年龄够了，便拿出一张印着结婚证书几个大字的红色厚纸，这就是我们当年的结婚登记证。小陈拿过来登记书好像激动又有些紧张的样子，他慎重地填写着，我在旁边看着小陈填写。当看到填写年龄的时候我愣住了，填的什么乱七八糟的，小陈自己填了个三十一岁，给我填了个二十五岁。我心里不理解这是怎么回事，当时已填完又不能改又不好说什么，心想我是二十三岁，按介绍人讲的小陈是二十九岁才对。后来才晓得我男朋友自己对介绍人讲的是周岁，介绍人怕我不同意便又减了一岁，小陈填年龄有意把我的年纪填写大了两岁，怕别人看到大得多自己不好意思。我心里想这样一来，小陈比自己大八九岁，心里真想问小陈为什么要填写比自己实际年纪要大两岁，又一想算了吧，嫁都要嫁了何必在意，没有必要，还闹得都不高兴，就这样稀里糊涂地办好了登记手续，锁上了这扇我命运的门锁。

　　冬去春来飞快的光阴，转眼间我结婚的日子临近，结婚的前一天的时候是娘家送嫁妆的日子。那天我娘家的大姐嫂子还有一位又是小学同学又是同事关系的小张，她们几个人大包小裹地骑自行车去婆家送嫁妆，小陈家人热情地接待娘家的来人，准备了一桌丰盛的午餐，正在两家人交谈兴致正浓的时候，我大姐说了一句："接新娘那天如果有同事逗乐闹笑话，逗小陈的时候小陈可别发火哟！"话音刚落，小陈那边脸变了颜色，用发怒的态度说一句："都是工人有啥！"这句话大姐不高兴了，说道："不能这样讲话，这里她的同事可在这呢。"我的同事小张那边很有修养解释道"我们都像亲姐妹一样没关系。"后来小陈他大妹妹上来解释道："我四哥总是一本正经"，小陈的母亲又批评了小陈，说结婚都是要闹一闹的，年轻人应该很正常的，又补了一句说："老四，你不懂。"事后娘家人回到家的时候，我大姐对我说："小尾巴呀，咱不嫁他了吧！"说"小陈的脾气太不好了将来怎么办"，大姐没细说，我听了哭了一夜，眼睛都哭红了，心里苦又进退两难，明天就是结婚的日子，结婚登记已办了，法律上已经是合法夫妻了，这不是开玩笑吗？只怪相处时间短不够了解，可我回忆起我们俩相处日子里，他一直是关心我照顾我很少看他发脾气，后来母亲又劝我说道："男人都有脾气，可能忙累了心情不好不要计较，人生都是这样互相谦让点儿就过去了。"我心里又气又恼火，哭得没了眼泪的我听了母亲的劝解后心情好了许多，头昏沉沉地睡到天亮。

　　天亮了，今天是我做新娘的日子，我调解了一下心态，心想路还得走新娘还得做，认命吧！那天是1976年4月30日。北方的初春一般来说都很凉的，不知为什么那年那天奇怪地热了起来，温度是零上二十八摄氏度，是想都没想到的高温。本来准备的毛衣毛裤通通都用不上了，好像到了盛夏，还多亏准备了一套西装，我那天显得格外高雅大方。那个年代是"文化大革命"后期，不让烫发说是"四旧"，我的小姐妹带我去一家私人烫发的地方，烫的发型是波浪大水卷大方而洒脱，一头东方女孩特有的油黑秀发下，那弯弯的柳叶眉，高高的鼻梁下那樱桃小口，加上淡淡的妆容，粉红的脸庞流露出我那纯真的魅力，那天的我真是如同含苞欲放的花朵。按理说这个日子是女孩一生中盼望高兴的时候，其实从小家教严格接触外界人和事很少，天真的我并不懂结婚是怎么一回事，顺其自然地走着人生路。我结婚的那天亲朋好友来了不少，热热闹闹的，满屋满院落都是人。上午十点多的时候来了一辆红色的消防客车，只见小陈满头大汗从车上下来穿着一件蓝涤卡上衣，袖子往上挽了两寸多，白衬衫深蓝色毛料裤子，看上去十分不合体。后来才知道因为天热，准备的衣服都不能穿，现把同学的衣服扒了下来穿上的。新郎急忙往新娘的屋里奔去，后边紧跟着几个弟妹像要抢新娘似的。到了我的房间，娘家的小姐妹把新娘的鞋子藏了起来让新郎找，当时我心里还生小陈的气呢，可当我看到小陈那微笑的面容，好像没有了昨天听姐姐说他发脾气的影子，我也就露出了微笑，看着新郎官焦急地哭笑不得地到处找着鞋子，翻来翻去十几分钟后，终于翻开褥单下找到了那双三十五码烟色的皮鞋，小陈高兴得像找到了宝贝，笑眯眯地给我穿着，仿佛昨天发脾气说爱面子怕闹的新郎官像换了个人，看上去从心里往外高兴，弯着腰半跪在床前吃力地为我穿上了鞋，根本看不出要什么面子的知识分子，新郎官笑眯眯的眼睛眯成了一条缝，藏在了眼镜后边。嘴巴本来就大，高兴笑起来那张嘴快到了耳根。今天做新娘的我，穿着爱人给买的粉色小白花的纱衬衣，外边穿紫红色的西装显得格外秀丽端庄，下身穿的蓝色毛料裤子，在脚下那双烟色亮得发光的皮鞋衬托下，走起路来显得轻盈大方，气质高雅的我今天在新郎和众宾客们的衬托下，显得更加漂亮文雅。我在嬉笑热闹的气氛中被接到了婆家，那老式室外圈楼的木楼梯上早已挤满了等待看新娘子的邻居们，年轻人和小孩子多一些，开心地笑着闹着等待着新娘的到来，当我还没下车就看到院子平日里只是开着小角门的那三米多宽两米多高的大铁门两边贴上了一尺多的正方形的大喜字，在宾朋们的喧闹声中大敞开着的门前，早已等待着不少亲朋宾客。新郎新娘在亲朋好友们的簇拥下来到了院里，来宾们和邻居们看新娘新郎，看热闹的站满了那室外摇摇欲坠的百年木制的楼梯上。我哪经过这个场面，只得跟着新郎听从摆布，只看到小陈的单位领导拿着和小陈的结婚登记书念了一遍，然后由小陈的同学当司仪喊着："向双方父母三鞠躬！"两个新人听着口令深深弯下腰，向父母、来宾们深深鞠了九十度的躬，来宾们鼓起掌来，有人喊道："好！"司仪又喊道："夫妻对拜！"当夫妻对拜的时候，有人有意推了新郎一下，新郎新娘拥在一起，宾客们又是一场笑声，我羞得脸红了，偷偷看了看宾客们，不好意思地抿嘴笑了笑，低着头跟着新郎随着人群上了楼走进了新房，室内不大，是相通的房间，一进去是一个很小的四平方米厨房，往里走是一个有十六平方米的一间，在往里就是有六平方米我的新房了。后来才知道为让我们结婚，善良的公婆去了小陈的三哥家凑合住去了。新婚的那天晚上邻里们闹着让我唱歌，唱起来就不放过没完没了，我的嗓子好把歌都唱尽了还是不饶！小陈心疼得着了急，替新娘唱了个《东方红》，后来我无奈唱了个英语版《东方红》才算收场。已经是后半夜一点多了，闹新房的人们终于都走了，累得我浑身发软，困得眼皮都难以睁开，只想好好睡上一觉，看人们都走了困得我什么也不顾了，上床就要闭眼睛睡。其实我真也不明白结婚是怎么一回事，在洞房里小陈看我困得睁不开眼睛倒下就要睡，他关切地说道："今天是我们新婚日子，是我们洞房之夜，人生祖辈们都是这样过来的！"小陈好像没有一点困意，温柔地抚摸着亲吻着我，一边劝解道："毛主席也是这样的。"新婚夜里听着丈夫那和蔼温柔温情的劝解，真的什么都不懂得的我，心情还是有些茫然不解有些恐惧感，不是很情愿地顺其自然地顺从着丈夫，我心里有一种对人类莫名其妙不可思议的神秘感，我那难为情羞涩的脸庞红得像熟透的苹果。这一天我跨入了人生新的生活，做了一位真正的小妇人。

新婚的第二天是五一国际劳动节，婆家离松花江不远，五分钟，那天新郎新娘我们俩，兴致勃勃地带婆婆去松花江畔散步，望着那1957年发大水抗洪胜利后修建的防洪纪念塔，虽说在高楼面前显得矮了许多，可它的风姿依旧在纪念塔的墙壁上。当年抗洪抢险风雨同舟奋战的英雄民族形象的雕像，依然使观看的人们感觉到了高昂的激情，又看到在奋战着的情景。俄罗斯风格的斯大林公园到处都是欧式建筑，当一跨入江边，就可见得到左边的小卖部是那别致的苏联建筑小品，中间房顶是金字塔型，两边是斜坡式的洋铁房盖，再走不远的一个江上铁路俱乐部更是别具一格，里边的花园里有秋千，右边江面上那架几十年不减威武的钢结构的大桥上，跑着稳健的轰轰隆隆冒着白烟的火车，岸边上用花岗岩石刻成的一米多高宽不到一尺，底座稍宽上边窄一些的石头桩上，每隔三米用粗铁锁链相接起来，刷着深绿色油漆，那比手指头粗的铁链上，常常有些小孩子在上边打悠悠。我站在岸边望着美丽的松花江面，好像是第一次来到松花江畔似的心情，有一种新的感悟、新的憧憬，仿佛美好的未来在等待着我。我在感觉着初春江风的凉意，春风吹动着我乌黑的发卷，我微微眯起的两眼，眺望着远处江面掀起微微的波浪，像个刚刚会跑的小孩子，慢吞吞地跳跃追逐着，快活地离开了我的视线，仿佛带走了我未来那梦幻中美好的寄托。

那天我搀扶着婆婆，婆婆看看新婚的儿子，又看了看我这儿媳，抿着嘴露出了微笑，流露出满意幸福的表情。我的婆婆是个有三寸金莲的地道的山东小脚娘，七十多岁，高高的个子穿一身黑色。上衣是老式手工盘扣大襟衣服，下身是黑裤子绑着裤角，别看没文化可气质蛮有风度的。七十多岁的老人腰杆挺拔，走起路来不像古稀之人。慈祥的公婆为了让我和她三十一岁的四儿子成家，老两口去了她三儿子那里，懂事的比我大两岁的小姑也去了单位的独身宿舍，这边留下了和我一样大的小叔和一个比我大五岁的小姑子与我们一起生活，从此我又挑起了做嫂子的担子，就这样开始了我婚后新生活，跨入到我人生第二个门槛。

第六章

沉浮的家庭旋涡

　　上天不知为什么总是安排我在磨炼中生存，小时候过着艰难困苦的穷日子，盼望着长大以后能过上快乐幸福的生活，谁知那只是我未来的梦。

　　我嫁到陈家因为没有住房，只得和小叔子小姑子生活在一起，我要担负起大嫂的角色，哪知小陈的脾气又很糟糕。婚后两个月的一个星期天，小陈帮我做饭摘菜的时候，我觉得他表情不是很自然，过一会儿他冷下面孔很认真地对我说："我们结婚两个多月了，你怎么还没有小孩呢？是不是有毛病呀！"我生气地说了一句："那我哪儿知道呀？"我看着小陈那心事重重的样子，知道小陈是着急要小孩了，本来休息俩人高兴地一起来做饭摘菜，这一句话搞得心情都不好，摘着摘着菜，小陈又说了一句："这蒜薹是韭菜上长出来的。"我说："不是吧？蒜薹、蒜薹，那肯定是蒜头上长的了！"两个人你一句我一句认真地争吵起来，本来刚才搞的心情就不好，小陈婚后第一次暴露了他那翻脸就变的凶神般的性格，只见他脸都变了模样，眼镜后面那两只眼睛瞪成三角眼，两眉之间皱纹起了个大疙瘩，怒吼了起来："我说是韭菜上长的，就是韭菜上长的！"温顺的我第一次看到丈夫翻脸大怒，我顿时感到浑身紧张恐惧，又惊又气没说话，可是气得我满腔涨满了气，胸腔闷得我透不过气来，简直是要炸开的感觉。那股委屈气愤的眼泪像泉水般涌了出来。我不可理解爱人的这样的性格，难以接受他那为此小事就突然变得凶神恶煞般的脾气。把我气坏了，站起身去拿毛巾擦眼泪，可突然我感觉鼻孔一股热流，用毛巾一擦，一看是鲜血从鼻孔流了出来，我低声自语道："鼻子都气得流血了。"可这时小陈像没听到似的一动不动地坐在那里，我更伤心了，按平日里的丈夫早就会过来帮我擦一擦，说上几句安慰的话了，可小陈那次狠心地根本没过来理睬我，这次我才真地领教了小陈这古怪的脾气，这才理解到结婚的前一天大姐为什么不让我嫁给他的心情。我望一眼自己丈夫的表情，在他脸上看不到往日大哥哥的影子，更体会不到他那温存的体贴。我当时感到自己整个人都被丢到了阴暗的角落里，我用冷水冲去鼻孔流下来的血，当时那沉闷的心情无法想象，思绪万千步子缓慢地来到卧室，沉默思索着，心想：人呀，真是深不可测，多久才能了解看透一个人呢？难道我真的命这么苦吗？我当时真的有些不知所措，看到丈夫那不可思议让人费解的古怪性格，让我难以想象今后的日子要怎么熬。

　　一个不愉快终生难忘的星期天过去了，好强从不示弱的我上班后认真向老同事们讨教，搞明白了蒜薹是蒜上长出来的问题。回到家里我倔强的性格还是告诉了我的丈夫证明自己是正确的，可他却似乎忘了的样子，不高兴的脸又拉了下来狠狠地说了一句："你对你对！"生气地粗声粗气地低声自语道："你真行！还到单位去问去了！"过了两天我的丈夫恢复了往日的温柔。两个月后，我觉得浑身不适，没劲儿也不爱吃东西，消瘦了许多，脸色也不好，小陈带我到处去检查跑了三个医院。半个月过去了都说没病，后来去了一家祖国医药研究所，中医把脉说不用看了，有喜了，你爱人怀孕了"，当小陈听到医生说我有孩子了，满脸笑容看的出他是发自内心的喜悦，从那以后小陈像换了个人似的，下班回家什么活都抢着干，有时候对我像对小孩子一样关怀照顾。有一次小陈擦地板我在他身后拉着他的后衣襟跟着走，小陈一边擦地一边给我讲着故事说着笑话，那段日子，我感到了从未有过的快乐和幸福。对面邻居的夫人也怀孕了，每当看到我的爱人是那样关怀细心照顾我的时候，她心里总是感到委屈，有时候她向她丈夫要唠叨上两句说道："你看人家对媳妇多好！"只听到她丈夫那边说道："你要是小媳妇，我也一样什么也不让你干。"又听到那女人开玩笑地骂了他丈夫两句："你他妈的真不是东西。"

　　心地善良好强的我虽说是小嫂子，可处处要像个大嫂的样子，处处要做到想到就怕有考虑不周的地方，每天五点多起床做早饭，那时候小姑子在吊铺上睡，小叔在下边中间的大屋睡觉，大屋的角落里有一个炉子，有一口大黑铁锅固定在炉子上，炒菜做饭都用这一个铁锅。我每天早起做饭怕小叔小姑子听到影响他们总是要轻手轻脚的。饭好了兄妹几个吃过早饭各自去上了班，有时候周日我把饭做好了小姑子还没起来，我轻声地叫一声小姑子的名字"春生开饭喽！"小姑子拉开了吊铺的布帘，不好意思风趣地一个手指指着脸庞学着小孩子的样子，比画着唱着"青蛙妈妈睡醒了呱呱地叫"。其实善良的我从来没有什么抱怨和想法，每天我下班回来的路上都要买回一天的青菜，进屋就做晚饭，那时候每月开三十七元钱，小陈大学毕业开五十六元，我和丈夫商量弟妹还没成家，让他们存点钱，生活费一个人交十元那么个意思吧，其实我们俩也没独立生活过也没考虑许多，只是想做一个好哥嫂，可面对现实生活也不实际。

那是1976年"文革"的末期，我们过着周而复始平淡而又清贫的日子，也没什么好吃的，每当做一回肉丸子汤的时候，我总是要等弟妹们都回来一起吃饭，如果有一个没回来吃，我总是要先盛出来一大碗还要丸子多一些才好，哪怕自己喝汤就怕弟妹有什么想法，就这样小心翼翼地过着日子，四个人过得还算安宁，赶到兄妹们休息在一起的时候还蛮有趣的，那时候平日里没有什么小吃，也没有电视，冬天里到了晚上，没事的时候兄妹四人围着小铁炉子，一边讲故事讲笑话一边在火红的炉子前烤土豆片，吃得津津有味，相对交谈着讲着故事，满屋子散发着在铁炉圈上自然烤熟的土豆的香气，现在想起来都感到诱人。我们四兄妹谈笑风生的气氛是那样的快活幸福温馨，冲淡了清贫的日子，至今还是难以忘怀。那时候，每当我爱人和小姑子小叔讲到幽默逗乐的笑话时，我捧腹大笑得眼泪都流了出来，笑得像个孩子似的是那么开心，都忘记了自己是新嫂子了。那段日子，有的时候晚间屋子里是静静的好像屋里没人，其实我们兄妹各自看各自手中的书籍，只能听到翻书和喘息的声音，日子过得还平静。

可后来，我把我和丈夫仅有的一点家底都补贴进去后，生活费开始紧张，虽然每个月我和我丈夫精打细算，可只能维持很低的饿不着的生活水准，家里生活紧张，我怀孕想吃点什么，从来不舍得去买。我苦了自己，其实是苦了肚子里的孩子，没办法自己是嫂子，买多了没钱，买少了自己一个人吃又不好，还有弟妹怕她们挑理，我自己心里也是不得劲儿，平日里饭菜都要计算好不能马虎，就是这样生活费用到月末，我还是提心吊胆地怕有收什么费的人来敲门。一次我因怀孕反应厉害一连三天没有吃东西。每天呕吐起来没完，连苦水都吐了出来，一点力气也没有，脸色也十分不好，医生给我开了病假让我在家休养，小陈看着心疼问我想吃点什么，我说："不知为什么什么都吃不下吃了就吐只想吃点水果。"那时候"文革"末期水果很少有卖的，不好买,得去碰才能买到。虽然家里经费紧张，可小陈看我一连三天没吃东西，心里又急又怕便问邻居会不会饿死呀？邻居大嫂安慰小陈说："不会的，你看她想吃点什么就买点什么给她吃就好了。"小陈请了一天

潭

假到处去买水果，终于看到了一家小摊床上卖大头梨的。小陈那颗紧缩着的心好像海上迷路的人终于发现了新大陆似的，可是卖梨的摊前挤满了人，好像买梨的人比梨还多，小陈也顾不得知识分子的脸面了，拼命挤了上去，只见几十只拿着钱的手，互相争着向商贩递钱，小陈挤了一身汗，费了很大力气抢着买到了三斤大头梨。说是大头梨其实那梨，比现在的大头梨小一半，好像没长开似的，可能就是那个品种，小陈拿到手里心里别提有多高兴，心想这回我爱人有吃的了，小孩在肚子里也不会饿坏了，他费了吃奶的力气好不容易挤了出来，健步如飞地往家里赶，脸上的汗水从脸上淌到了脖子根也没顾得上擦一把，他好像手里拿的是救命的灵丹妙药。刚进家门把手里的三角兜，举得老高喘息着对我说："看！你猜是什么？大头梨！"小陈急忙递给我说一句"快吃吧！"便转身出去用冷水洗一把脸，我也顾不得把梨子洗一洗再吃，也来不及讲什么卫生不卫生的了！全然不顾地拿起来用兜子擦了擦狼吞虎咽地吃了起来，我当时也不知道怎么吃得那么快，等小陈洗脸擦汗点燃烟的工夫，想看看爱人吃水果的高兴的样子，可当他进到里屋摸了摸口袋，空了！小陈哈哈大笑，边笑边露出感到那惊奇苦涩的表情，他拉着疑惑的长调说道："啊！我跑了大半天挤了一身的臭汗，汗水还没下去，你就吃的一个都没剩下，兜子都吃的空了！"小陈脸上虽说是在笑，可是看得出来他心里很不是滋味，心里在想好可怜，又觉得心疼和有些对不起我。三天没吃东西的我不好意思地望着丈夫笑了笑，撒娇地说一句："对不起大哥，没给你们留。"小陈那边微笑着轻轻晃了晃头说："没关系，你身体好了比什么都好！你和孩子现在是重要的。"我在家养了几天有了精神头感到好些了也吃东西了便上了班，因为休病假是要百分之七十开支的，我自打有了身孕后真是不容易，受了不少的罪。每天妊娠反应非常严重吐得很厉害，尤其是上班，一上了公共汽车就受不了那汽油的味道，每天上班像在受刑一样，经常忍不住吐在车上，控制不住有时候无意地溅到别人身上，赶紧道歉给人家擦一擦，还好碰到的都是好人，他们都能够理解妊娠反应是控制不了的，上班的工作一站就是八个小时，腰疼得像要断了似的，站久了肚子往下坠腰疼得就更厉害，有时候我看到组长没看见，便偷偷摸摸在地下蹲上一小会儿，就这样一直坚持上着班。家里生活紧，自从怀孕，就那一次是吃上水果了，

66

再有一次就是回娘家大姐给了我两个苹果，我拿了回来想吃的时候，小姑子在家，我不好意思自己吃，就给小姑子一个，我怀孕的时候总是想多吃点水果的愿望一直也没能如愿。我记忆最深的是那年到了秋天，我身孕已有六个多月了，一天单位里分白菜，上夜班的时候我想吃大白菜蘸大酱。同事们对我都很关照，一听说我想吃白菜蘸大酱，每个带大酱的人把带来的大酱送给了我，又帮我到单位外边白菜堆里要来一棵大白菜，足有三四斤重，帮我洗干净，我高兴得不得了！那天晚饭我什么也没吃，大白菜蘸大酱成了我的美餐，当时我自己都没想到竟然把那一大棵白菜一个人都吃进肚了，至今我想起来都觉得惊奇好笑，想起来当时吃的那个香，好像是从来都没吃过的，什么稀罕的好东西似的，只看我顾不得什么形象了，嘴巴上手上都是大酱紧着往嘴巴里塞，几口就吃一个又白又脆的大白菜叶，好像怕有人不让我吃要抢我那棵白菜的样子，看我吃得又脆又香的，那情景想起来我现在自己都羡慕那时候的感觉。

同事们看我吃了一棵大白菜，都笑着说道："这也就是孕妇吧，大人孩子看起来都缺少这方面的营养，一般人是不可能吃下去这么一大棵"，说着那位同事用手比画着白菜的大小，"不然谁也不会吃那么大的一棵。"

时间过得也快，转眼间秋去冬来，哈尔滨的冬天，天寒地冻。我身子大得像扣了口大锅行动极不方便。地面上下过的雪，让人和车流踏成镜子般的一层冰道。人们走路不敢走大步不能走快，每天早晨上班的路上本来都紧张的在抢时间，匆匆忙忙地走在大街上。路滑得快成了轻喜剧表演的现场了，你就看吧一会儿骑自行车的骑着骑着就打起了滑，那个年代骑自行车的也多，有一个滑倒就会倒下三五个人，没倒下的也是东倒西歪的，走路的人大多是小心翼翼打着溜滑走着。我无奈，为了安全只能穿着一双工厂里在那个年代发放的劳动保护胶皮鄊拉鞋，样子很难看但是暖和又不是很滑。就这样我还是觉得不够安全，怕滑倒在脚下又系着根草绳子，也顾不得什么好看了，自己是什么形象也无所谓了。每天大肚趔趄小心翼翼地挤着人满为患的公车，吃力地走在上下班的路上。坚持上着班，现在回想起来也不知道那年是怎么熬过来的。寒冷的冬天伴随着我艰难地度过孕妇那难熬的日子，一场鹅毛大雪迎来了1977年的春节，我提前包好了猪肉白菜馅的冻饺子，足够过春节全家人吃上几顿的，三十晚上做了几个小菜，兄妹四个高高兴兴地过了个年三十。到了初三的那天，是中国祖辈传下来的老规矩历来是回娘家的日子，一大早我和小陈忙着准备给母亲带什么东西，找件过年能穿得出去的衣服回娘家，一路上车不好坐，我又带着八个月的身孕，等了好几辆车才上去，人挤得要命都转不了身，更谈不上有个座位了。好不容易到了娘家这才松了口气，娘家热闹屋子多，人更多，外地大姐、四姐、哥哥都回来了，母亲很高兴。外地的姐姐都喜欢吃母亲做的北方特有的猪肉余酸菜，母亲让我切酸菜丝，母亲说我切的细，别人切母亲不放心，可能是我在家干活干惯了的关系吧！懂事的我无奈地挺着个大肚子切起了酸菜来，站一会儿腰就痛肚子往下坠，还有一个月就要生了，我感到这哪里是切菜是在上刑，那天吃的人又多又不能切得太少了。为了不让母亲生气，我还是小时候的那个样子，默默咬牙坚持把菜切完。直到母亲满意。我才轻轻活动活动腰挺着个大肚子上床上休息去了。

第二天是初四，我丈夫的同学来了。无奈好强的我又挺着个大肚子忙活了一桌菜，累得我饭也没吃倒在床上就睡着了。后半夜三点多，我感到不舒服，肚子里有些胀气，翻来覆去睡不着，把小陈也折腾醒了，天已蒙蒙亮了，小陈迷迷糊糊地说你还是侧身睡，排排气就好了，小陈翻了翻身又睡了过去。我怎么着也不舒服而且肚子有些痛，天大亮了小陈又让我去厕所蹲一蹲大便就会好了，北方的春节还是冰天冻地的，那时候老楼房的便所都在室外，没加多考虑的我真的忍着痛一小步一小步地来到了，室外楼下木板搭的厕所蹲去了，还好蹲了一会儿想便又便不出来，就吃力地起身回来了。可肚子越来越痛，小陈这才意识到去找邻居大嫂来看，那位大嫂急切地说："快生了，赶快去产院！"我一听真是后怕，刚才在蹲外边的厕所如果再蹲一会儿的话，不是把孩子生在了厕所里了吗？太危险了！我的肚子加剧痛了起来，预产期还有一个月什么都没有准备。小陈赶忙搀扶着我往产院走去，小叔子去找婆婆，这时候肚子痛得走两步就直不起腰来，小陈焦急得不得了（那时候没有出租车），搀扶着我提心吊胆艰难地走着，走几步休息一会儿，半个小时总算来到了离家三趟街的道里七道街区产院。医生一检查早已破了羊水，医生说不早来羊水已破出了，干生不好生要受罪的，这时候我在产床上浑身疼痛难忍，产床前不让留人一个人也没有。过一会儿护士过来看了看说："等着吧！"门又关上了，又剩下我一个人在忍痛等待着孩子降生。小陈和婆婆焦急地在外边的门口等候着，偶尔护士开门的时候，我能在开关门的瞬间看到小陈急得满地走着，婆婆问了问护士怎么样了，这时候已是中午我早已又饿又累一点力气也没有了，小陈找来他在这工作的同学，又买来蛋糕让护士拿给我吃了两口，就这样折腾到下午两点二十分孩子才露头，小陈的同学就急着喊了一声小子，我按着医生的指令配合使劲，我累得一身的汗水，也用尽了一生中全身最大的力气，只听到一声清脆的婴儿啼哭，"哇啊——哇啊！"总算生了下来。那位医生同学又喊了一句："是千金小姐。"我此刻看了看孩子，心里惊奇地想：哦，我还能生出这么个儿大的孩子呀！看了看表是两点二十分，那位医生同学抱着孩子喊小陈："进来吧，看看你这四斤八两的女儿"，小陈美滋滋地低头想仔细看看，那小家伙好像懂事似的，就那么巧爸爸一低头的同时，她睁开了一只小眼睛，把小陈这个第一次做爸爸的高兴得不得了，张开大嘴巴仰着头，笑得哈哈的。婆婆听到孩子平平安安生了下来，急忙回家和小姑子准备一些小孩要用的被褥等等。当我来到了产房，孩子妈妈们都互相问候："生了个男孩还是生个女孩？多少斤？"我带有骄傲的口气回答道："四斤八两！"只听有人说一句这么小呀，我心里纳闷我觉得不小了，可我一听说别人的孩子是多大的时候才恍然大悟，噢，那么说我的孩子是最小的了。我千辛万苦终于完成了人生做母亲怀胎生子的那痛苦煎熬难以忘怀的日子。

三天后出了产院回到了家里，一进门小叔子第一个拉开了门，幽默地弯了个九十度的腰，左手来一个请的动作把嫂子让进了屋里。我生下孩子轻松了许多，可浑身痛得不得了一点力气也没有，浑身好像散了架子，一进屋无奈地躺在了床上开始女人人生坐月子的日子，因为早生一个月平日里营养又不够的关系，小女儿太小，只看那孩子皮包骨，个子还可以，我用大拇指量了量，孩子的手腕和我大拇指一样粗，看上去小孩子的头像有我的拳头那么大，还没个娃娃大呢！我心想等女儿长大了好告诉她。

小女儿的降生给家里带来了快乐，也带来了不少事，这回小陈可有事干了，要洗尿布，喂奶。两个人没有经验累得不可开交，孩子一会儿哭一会儿闹，不知道是肚子痛还是哪里不舒服，搞不清。我们直着急，一天月子里我听到婆婆在外边走廊里和邻居唠嗑说小孩子像猫猫似的难活。我听到了有些不安，第二天正好婆婆在江边买来的活虾在挑江虾，老人家一边挑虾，一边问孩子还没起名字吧？小陈马上接了过来说奶奶给起一个吧！，我又补充一句，奶奶给起的名字好养活，奶奶高兴地抿个嘴微笑着说："好！"只见我婆婆想了片刻说道："叫陈红吧！"我们两口子高兴地答道："不错就叫陈红，小名叫小红！"就这样奶奶给孩子起了个好名字，留下了个纪念。

　　我感到人生做父母太不容易了，难怪老人们说不养儿不知父母恩，我小女儿总是哭，两个人夜里从没睡过完整的觉，一天我睡得很香，没听到孩子的哭声。等我一睁眼看到小陈为了让我休息好一点儿就坐着抱孩子睡着了，我心疼地把孩子接过来，我们夫妻俩生怕孩子冷盖上小被又捂了个大被。一来二去的，有一天后半夜三点多我发现小女儿鼻子呼吸困难脸色发青，急忙把丈夫叫醒，小陈一看也急了，一骨碌爬起来，俩人商量赶快去找住在对面儿童医院工作的我老姨去，老姨听说是孩子病了，从来不爱理人不爱管事的老姨，二话没说起来就穿衣服往外走。到了医院，医生说急性肺炎得马上住院。就这样生下来十六天的小女儿住了半个月的医院。我在家牵挂女儿，着急上火孩子盼回来了，可奶水也没有多少了，孩子需要喂奶粉，那时候奶粉又贵又不好买，家里经费又紧，后来只能到处托人买，一时买不到就只能买豆奶喂孩子，孩子小不能送幼儿园没办法，我请病假在家看孩子，不能开满工资，每个月生活费要更加精打细算，省吃俭用才能熬到开工资的日子，有时候到了月末，只能数着几角几分地过日子，心里提心吊胆的就怕来收什么费的来敲门。我是个要强的女人，就是这样也没多要弟妹们一分生活费，也没说东借西借的，再艰难也是咬着牙从不说什么，照常对小姑子小叔很好，生怕有点什么矛盾，整天提心吊胆地过着日子。我们这对正当年轻的小夫妻，一次夜里正在享受夫妻生活，不料小女儿"哇啊哇啊"地哭个不停，我们的小屋和小叔的大屋是一门之隔的，爱面子的小陈一紧张就过去抱起了孩子怕孩子哭起来没完，小叔那边听到了怪不好意思的，可年轻的我们哪里懂得那么多常识，从那次丈夫受惊以后性功能就出了毛病，得了惊吓性的阳痿病，好面子的知识分子又不好意思去看，有时候好一点儿，有时候糟糕得不能过夫妻性生活，就这样相爱不能相亲的日子给我们小两口增添了烦恼。上天给我安排的命就是这个样子，本来经济紧张日子清苦，一进门小姑子小叔就在一起生活，虽说不用背着抱着，可作为一个小嫂子也要当个大嫂来做，大事小事要想的周到一些，有时候就是想周到了也不一定能被理解。和小叔一样年龄的我，每个休息日洗衣服，家里的大人和孩子小叔的都要拿过来洗，我看到小叔的衣服扣子掉了破了，都不作声地给缝补好。总之在一起要想做一个好嫂子是很辛苦的，我们夫妻的感情很好，那时候除了有时候因一句话两句话小陈爱发点脾气不讲理不像个大哥的样子，一辈子都难改的脾气以外，在外人眼里他成了爱妻儿让人羡慕的好丈夫，其实我说心里话，我也真的承认他是个好丈夫。那几年孩子小，丈夫每天把我送到单位，把孩子送到我单位的托儿所，这样他才返回去上班，我丈夫在我的单位都出了名，连我厂里管几千人的书记看到以后也都送给我爱人一个"八好丈夫"的美称。

我们夫妻的感情好又年轻各自都需要对方，可却增加了夫妻之间的烦恼，小陈的性功能出了毛病，时好时坏的，造成了苦恼两个要面子的人又都不说，也不去看，苦着自己，可我的日子就更不好过了，本来大我八岁丈夫就是个小心眼，我和别的男人说一句话都要提心吊胆的，谈恋爱的时候都小心眼的人，现在更是糟糕，我去烫头丈夫也不高兴，穿衣服不一定哪一件穿的不对了又要吵架生气，我每天很少有快乐的时候，从此忧郁的心理有增无减。可怜的我小时候苦，盼着长大了能好一些，可我的命就是苦多甜少，刚结婚一年多的我烦心事总是比那些好命的人多了许多。

一年过后小姑子要出嫁了，小姑子是老高三的毕业生，下乡吃了不少的苦。她是一个很有才华的女性，我和她的关系不错，下乡回来年龄大了的小姑子无奈找了个爱好文学老实忠厚的工人结了婚。从那以后只有小叔和我们过日子，一次我夫妻俩去看望公婆，发现公公心情不算好，我心想老人可能是想家了，为了我们结婚老人不得不去三哥家去住，小姑子结婚走了，虽说也不是很方便但可以想办法倒出地方让老人回来住，我和小陈一商量，夫妻俩就把公公接了回来，我每天不管生活怎么艰难，总要想办法单做一个小菜，给公公喝口酒心里才舒服。一天小叔突然阑尾炎住进了医院，我无奈又增加了负担，每天得做好一点的伙食给住医院的小叔送去，回来再做家里人吃的，婆婆听说小叔住院几天后，那天整好是个星期天婆婆一大早就过来看看，婆婆和家里人和公公唠了几句就出去了，我照常忙碌着先给小叔做饭一个手抱着八个月的孩子，一个手做饭，孩子要是不哭不闹的还好，可那天孩子不舒服哭得喘不上来气似的不停地哭，公公急了，那急切的山东语调问道："你妈呢？"我回答道："妈好长时间没来了，看看邻居的老姐妹让她们唠唠去吧！"公公急得把手里的拐杖往地板上敲打着，直骂婆婆"妈妈的。"这时我要去医院给小叔送饭，晚了怕小叔饿，又着急又手忙脚乱的，孩子还在哭个不停，我顾不得那么多了，孩子哭坏不要紧小叔饿了不高兴可不得了。我把孩子放到炕上便往外走，孩子的哭声在我的心里流着泪，这时候公公躺在床上说："快把孩子放我这，我拉着。"我心里好像有了点安慰，把孩子放在公公的床上，急忙拿起给小叔做好的饭盒往医院跑去。还好没误了吃饭的时间，我微笑着问小叔："饿了吧！"小叔笑着说："刚中午没饿。"我把饭菜一一打开，说一句："你趁热快吃吧，我回去了！"我前脚走后脚还没迈出门槛，只听到里边一个病房的病友说一句："你媳妇真不错"，又听小叔急忙解释道："别胡说！那是我嫂子。"

第二天是个星期日，小陈对我说："妈来了今天晚上包饺子，我要晚些才回来，同事们去江北聚会"，边说边往外走着。婆婆吃过饭也出去了，我还是有规律地忙碌着，小叔得吃流食，把小叔的饭送去回来后，一个胳膊夹着孩子一个手剁菜、剁肉、包饺子，心想这饺子无论如何也要包，不然心里不舒服，好说不好听，好像儿媳妇不孝顺，再难再累也得做，孩子饿得哭个不停，我急忙把孩子简单喂了奶，忙得我脚打后脑勺，天色黑了下来，公公帮我拉着孩子，我把馅调好面和好，我在用力揉着面，天黑了我也着急。在加上不停地忙碌，我用围裙擦了擦汗，我公公看在眼里急在心上，不停地骂着婆婆，我正在一个人焦急的忙碌的时候，天快黑了婆婆回来了，婆婆看了看表，"哦"山东口气特浓地说了一声："快七点了，还没包好！"表情不是很高兴的样子，说一句："来我来帮你"，我没说话默默地包着饺子，心里酸楚的眼泪在眼里含着，差一点儿掉了下来。吃过晚饭，我收拾完后。回到了自己的屋里喂孩子奶，快到十点了，小陈喝得醉醺醺地进了门，我一肚子的话一肚子的委屈可是又怕外屋的婆婆公公听见，强压抑着咽了下去，只对小陈说了一句："你怎么回来这么晚？我一个人忙不过来。"可这一句话还没落音小陈火冒三丈说道："不就是包个饺子吗？"又补了一句"我妈在这"，我忍不住心里的委屈泪如雨下对小陈说道："你考虑过没有你是个结了婚的人了，你妈妈是来串门来的，你怎么还是觉得是没结婚的时候呢？"小陈凶巴巴不讲理的劲儿又上来了，和我吵了起来，两个人一夜没睡。

　　第二天的清晨我照常做着早餐，开始了一天的忙碌，早饭过后小陈上班了，公公拿着小板凳叫着婆婆说："走咱俩去公园"，婆婆说了句："年轻的时候没带我上公园，老了老了带我上什么公园？"婆婆山东的口音边叨咕着边拿起小板凳，跟着公公往外走着，老两口儿快中午了才回来，婆婆一进门笑眯眯的，从那以后婆婆像换了个人似的对我很好像对自己的孩子一样亲切，有时候我感到比对她女儿还好，我心里明白准是公公他老人家把在这住的这段日子感受告诉了婆婆。我终于得到了婆婆的了解和认可，善良的我更是实心实意地对待公婆。小叔康复出了院没两天就上了班，小叔很感激我这个嫂子对他在医院里的照顾，把平日里单位发的免费的剪头票，拿给我让我去烫烫头，我心里感到很欣慰，说了句："谢谢了！"10月1日国庆节到了，公公婆婆在这过的，小陈家兄弟姐妹都回来了，大哥大嫂二姑姐小姑子等热热闹闹的一大家子，我一个人忙碌了二十几个菜，当把菜做得差不多了，便叫婆婆公公各位哥嫂兄弟姐妹们入座。大家都坐了下来，我还有一菜一汤没做完，便告诉公婆们兄弟姐妹们先喝酒，可会处事的公公说都坐着，谁也不许吃！等着老四媳妇上来一块吃，这一大家子人我的年纪最小，可懂事的我做事处理事总要考虑到方方面面做一个老大的角色。其实我完全可以不用受这份累，完全可以抱孩子回娘家躲个清闲，可我并没有那么做。善良的我平日里没事的时候和婆婆唠一些家常，我对婆婆说："您二老年龄大了，小叔也应该找个对象了，您二老看着也高兴也放心！"婆婆高兴地微笑着点了点头，看得出婆婆觉得我很懂事，也说到她们心里去了。其实我也明白小叔有了对象了，不会有我这个嫂子什么好果子吃的，可善解人意的我，想到两位老人都七十多岁了，岁数大了的老人一生最挂念的是儿女们没成家的事，尤其是最小的老儿子了。早一些去掉老人的心事也是尽点孝心，也让老人能百年之后少一些牵挂，其实我自己心里也想了许多，自己告诉自己路再难也得走下去。为何不做一个孝心儿女做一个好人呢？没几天婆婆就求远方的一个亲戚为小叔找了个对象，公婆住了些日子又回到了小陈他三哥那里去了。

小叔有了对象像换了个人似的每天半夜才回来，小陈和我不能睡觉等着给他等门，因为院里的大门每天都是到了九点钟要轮班守门的，谁家有人没回来就得自己等门，有时候小叔一夜不回来也不告诉一声，害得我们小两口儿一夜没睡，困得小陈上班头痛。小叔有时候回家住也和以前不一样了，脏水桶满了他洗完了脸的水还往里倒洒了一地，也不说把脏水帮我倒掉，以前可不是这样的。又过了一段日子，我做好了饭叫小叔吃饭他不吃，嫌伙食不好自己到外边去买面包红肠来吃，我看他吃凉的说："我来给你热一下吧！"他不高兴地说："不用！"我搞不清他是怎么了，心里难过不知道怎么办好。那时候实在太困难了，孩子买奶粉都没有钱只能吃豆奶粉，我每天焦虑地熬着日子，想起来那时也不知道怎样熬过来的。孩子夜里要喂奶，如果孩子哪不舒服，我更不用睡了，不管怎么困怎么难受，我也要咬牙清晨五点多起来做早饭，因为全家人（爱人和小叔还有我自己）都要上班我上班又最远，早晨六点就得走，我要抱着孩子去香坊上班，香坊区和家道里区跨两个区，那个年代公车特少，特别不好坐。我抱个孩子经常看来了辆车，一拥而上的人们把我娘儿俩挤到了后面，我一个人抱孩子常常上不去车。夏天还好说冬天可遭了不少的罪，有时候爱人把我送到单位把孩子送到托儿所再返回去上班，寒冷的冬天，冻得我手都硬得不好使，还怕孩子冻坏，紧紧抱着女儿，时常拍几下看一看女儿怎么样了，冻得脚要不停地在冰天雪地里跺来跺去。一次，抱着孩子好不容易挤上了公车，车里挤的人得缩着身子透不过气来。我抱着孩子站在车里还怕把孩子挤坏了，我把孩子尽力举得高一些，提心吊胆地盼着快点到站。好不容易快到站了，车刚拐弯还没停稳时门就开了，只听到"咔"的一声像陶瓷盆砸在洋灰水泥地上的声音，这时候只听见有人喊"有人掉下去了！"车停了下来，当我抱着女儿紧张地下车的时候，看到一个有八九个月身孕的孕妇倒在冰天雪地上，七窍流着鲜血，浑身抽搐着，没人敢动。一会那司机和乘务员慢吞吞地下了车。我抱着孩子看了一眼，可怜心痛地说了一句："怎么还没人管呀！"吓得我紧紧抱着孩子离开了。我的心里至今还惦记那个孕妇，也有些后怕，心想如果站在车门最后的是我的话，车没停稳就开了车门，掉下去的有可能就是我了。从那以后，我哪怕上班迟到了也不去挤那超载的车了。一次夏天，天下起暴雨一直不停，我抱着孩子一连等了两个小时的车都没上去，我无奈冒雨把衣服脱下来给女儿抱好，又盖上了雨衣背着孩子走三四站才上去车，回到家里天已黑了下来。想起来那个年月不知道自己是怎么熬过来的。

星期日我两口子去看公婆，发现公公身体不是很好，两人决定把两位老人接回来住，我们住的是老人住了几十年的家，可能老人回来能好一点。就这样我们两口子和孩子在没有窗户的小厨房搭了个地铺把老人接了回来，两位老人看着我们夫妻俩带着几个月的孩子，住在那黑洞洞的没窗户只有两米长的厨房里，只有强挤下我们三口人的地方，用板和凳子搭成的东倒西歪的床上，有时候搞不好就塌方，心里也不是滋味可又没办法。那时候公公真的病得很严重住进了医院，后来回到家也是卧床不起，一天天消瘦，大小便失禁，每天几乎都便在了裤子里。平日里我上班，婆婆在家伺候，一次周日我休息，婆婆怕公公拉在裤子里的粪便让儿媳妇看到嫌弃就藏了起来。婆婆出去后，我洗衣服的时候把公公的脏衣服找了出来，公公的裤子上好多粪便都干在上边，一打开恶臭恶臭熏鼻子，善良孝顺的我没嫌弃，憋口气用木片把粪便刮下去以后，又刷洗了几遍洗干净晾起来，当婆婆回来，看到公公的衣裤都洗干净了，脸上露出满意的笑容。公公没过多久就去世了，婆婆心情不好就去了北京小陈他二哥那里。

半年过去了小叔要结婚收拾房子，孩子小家里乱七八糟的没有待的地方，我们临时回到娘家去住，由着小叔把屋子改建着。突然有一天婆婆要回来了，我和小陈急忙回家收拾屋子，一看小叔子把他那大屋又往外放大了一些，又搞了个走廊，根本没考虑婆婆和哥嫂怎么住的问题，无奈我和小陈商量只得搭一个吊铺，我们和孩子上吊铺住，给婆婆在下边放一个小床。当时太急没有木料，两人七拼八凑的用破旧木料搭着，就是这样还是少一根吊铺的立柱，小陈到小叔那边找了一根，小叔看到了冷冷地说："我还打家具呢，不让用。"小陈平日里什么都让着弟弟，这回小陈真的伤了心，因为木料是小陈从宾县山里拉回来准备自己结婚用的，他给弟弟留了一半，弟弟怎能这样对他呢！当时没法子得赶快搭好，下午婆婆就回来了，我们怕婆婆看到上火，后来到外边找了根粗树枝搭了起来，看上去摇摇欲坠，我上去试了试还能凑合，一时还倒不了，我们想走一步算一步吧！婆婆回来后看到懂事的我抱着几个月的孩子爬上爬下的，心里总不是滋味，向三哥商量借房，可三哥没同意。一天我休息正在织毛衣，婆婆过来帮她缠毛线，歉疚地说道："别嫌弃妈，和妈凑合住在一起吧，妈喜欢你！"我说道："妈，没什么，这样挺好的！"我也喜欢婆婆，理解婆婆的心情，娘儿俩相对笑了笑，孩子的哭声打断了娘儿俩的谈话。我抱过来孩子，这时候小叔气冲冲地过来看了看我们娘儿仨，不是好态度地说了句："该刷你们这屋了，把东西收拾收拾。"婆婆耳背，看了看小叔问一句："你说什么？"拉着长音的山东口音，这时候小叔已出去了，我听了看看婆婆看看怀里抱着的吃奶的孩子，一老一小的，我心一酸背着婆婆流下了眼泪。这时候我的爱人进了屋，看到此情此景问了问便忙了起来，看得出他的心情很沉重。小陈也上火，他刚从外地调回来没有两年，单位又没有房子，我看孩子睡了，自己心情也不好，对爱人说："我们去二姐那里散散心吧！"小陈点头说："走。"到了二姐那本想向二姐和二姐夫诉诉苦，唠一唠能得到一些安慰，心情会好一些。小陈和我还有他二姐夫在里屋，我刚说到我们没房想搬，下一句话要说没地方搬还没等说出口，可二姐马上就从外屋进来说道："搬吧，你二姐夫车这就过去。"我的爱人在一旁，他是个要面子的人，听到二姐这么一说，脸色马上就变了也就顺口说一句："那二姐你就去个车吧"，爱哭的我流下了眼泪，直爽的二姐夫在那边生气地说："二姐，要不叫你和你老妹妹挑事，能吗？"我流着泪和爱人走出了二姐的家门，当回到家街头的时候，老远就看到一辆大卡车早已停到门口，我那颗沉重的心抑制不住的泪水流了下来，心想我们一点准备也没有，家里乱七八糟的东西也没收拾往哪里搬也不知道，这简直是欺人太甚，这哪里像同胞姐妹，这哪里有什么亲情。我们夫妻到家二话没说只是流着泪，往外搬着那零散的被褥锅碗瓢盆，婆婆看了也哭了问我："孩子你搬家也怎么没和妈妈说一声？"孝顺的我流着泪心里的酸苦难以言表。婆婆七十多岁的人了心脏不好，我也不想让婆婆知道操心上火，一直到老人去世，什么也没对婆婆讲过。婆婆和我恋恋不舍又没有办法讲清楚，婆婆在疑惑中挂念儿媳妇、孙女、四儿子的处境，对我说："你们也没有炕被，就把你们结婚时咱家这床老炕被拿去吧，别嫌弃，就是二十多个年头了有些破旧，不过可是我亲手续了二十斤棉花，也是你们结婚用过的，留个纪念吧！"我点了点头，搬的差不多了，小姑子望着她四嫂，又用脚踢一踢地下的破袜子，说一句这拿不拿，我此时此刻心如刀绞，终生难忘那一瞬间被人羞辱的感觉。我可以理解小姑子是个孝心的女儿，不想让婆婆为兄弟们操更多的心，想让母亲过的好一点，这都可以理解，可善良的我何尝不是这样想呢，平日里也没有对不起她的什么地方。现在想起来我心里也是不好受，自我劝解道：小姑子那时候也很少接触自己，所以也不了解我这个嫂子是个什么样的人，那时候年纪又小，过去的就让它过去吧！那天我流着泪把零散的家都搬到了车上，可又往哪里搬呢？我和小陈商量着，这可是个大事谁能收留我们哪？无奈只有硬着头皮拉娘家妈那里去，一家三口就这样拉到了我的娘家大门口，我按门铃，母亲开门出来一看吃惊地问道："这是怎么了？小尾巴，这是怎么了？"我泪流满面地说："妈，您让我们搬进去再向您说！"我哭泣着咽喉哽住了，看女儿这样伤心，心里已明白了，心疼地说："孩子别哭，快搬进来再说吧。"我和小陈感激地流着泪，发自内心地道一声："谢谢妈！"就这样我母亲接纳了我们，一家三口住了下来。

我娘家虽然说院子大房子也比婆婆家多一些，可在外边的那些兄妹们，打倒"四人帮"以后，知识分子落实政策大哥一家、大姐一家都回来了。可一时单位都解决不了房子问题，四姐返城可还过着两地生活也住在妈妈家。好家伙这个大院子，老太太的免费宾馆可热闹起来，住了四五家，都是困境时期临时住着，都是母亲收留给解决燃眉之急的。这一住就得等房子下来才能搬走，要给妈妈增添不少麻烦，我们夫妻俩特别注意尽量谨慎从事，少给母亲添乱尽量在自己居住区的范围内活动，我们两口子很懂事，母亲也满意，小陈上班可离家远了许多，为了锻炼身体也为了省车钱。小陈大冬天的穿着单位发的羊皮短大衣大头鞋，每天从单位跨区走回家，每天到家都是一身汗水，我们三口人住在一间小屋有八平方米，小屋里搭了一个火炕，占去了三分之二的面积，只有二尺宽两米长的地面可以活动。做饭占用母亲厨房的一个角，平日里女儿小红都是在我和爱人的看护下在炕上玩耍，有时候在那小火炕上，爸爸给小红当马骑，小得可怜的地方只能转着爬爬哄孩子玩，即使这样我们夫妻已经很感谢母亲，因为也没打个招呼，就没头没脑地搬来了，给我们解决天大的难题不然我们要露宿街头了。那几年妈妈家也很挤，有时候我看孩子在炕上戏耍，尽量不去打搅姥姥，到了夏天，院落大就好多了。可以在院子里活动，日子过得也还快活，这只是穷欢乐罢了。一天我去看婆婆发现婆婆手按着胸口很不舒服的表情，我说："妈，我带您去医院看病。"老人说："不用了，总是这样胸口痛，一会儿就好了，没事的。"我不放心，决定马上带婆婆去医院，给老人换衣服时，我看老人身上长满了常年不洗澡的黑斑，像鱼鳞。我端来一盆热水给老人擦洗起来，婆婆微笑着拉着那慢悠悠的山东口语说道："你不嫌弃？"我答道："不嫌弃！"婆婆满意的表情掩盖了痛苦的模样，我搀扶着婆婆去了医院，医生一边给婆婆看病一边说："看你胆子大的，一个人带老人来看病，你再别气你妈妈了，心脏已经倒置了，说不行就不行了！"没想到耳背的婆婆都听到了，她老人家赶紧抢过去说："别说她，她是个好孩子，不是我姑娘是儿媳妇。"我听了医生的话心里又怕又紧张，楼上楼下的跑交费拿药做检查。医生说得马上住医院，我正忙不过来的时候小姑子来了，老妹妹打了个电话，接着老陈家的兄妹来了两三个，那时候医院不好住。忙了大半天拉来拉去还是在省电视台的大哥找人总算住进了医院。婆婆好转以后又转到二姑子和小姑子的工厂医院治疗，老人一直盼望我们能有个房子，每当我去看望婆婆，一开门婆婆总是抿个嘴微笑着，一个病房的病友看到我去总是有人说一句："你的心上人来了。"婆婆的心里话总爱和我说，一见到我一再告诉我："你如果下来一个房，婆婆也要跟你！"我说："妈您放心，只要我有房就马上接您去"，我是真心的。婆婆也看得出，婆婆从心里高兴。一次我去医院看婆婆，看婆婆心情不好，婆婆看我来了把心里话告诉了我，婆婆说她很伤心，因为婆婆把住医院的医疗费用的票据，拿给三哥说你们兄妹几个分担一下，可三伯哥不高兴地说了一句："你不把我们这几个钱折腾完你是不死呀。"也不知是婆婆听错了还是真的，如果是真的，做儿女的就太过分了、太不孝了，我听了心里也很不解也疑惑，可还是劝婆婆说是不是您老听错了，婆婆用那山东口音一再说："不会，他就坐在床边我听的真真的。"没办法我劝说着安慰着婆婆。事隔第三天是个星期日，三伯哥找我的爱人老四一起把婆婆从医院接回了老房子小叔子家。可第二天的上午十点左右，我听爱人急促沉痛地告诉我：他三哥在上班的路上去世了。我听后真是不敢相信自己的耳朵，如晴天霹雳，我的心马上感到很沉痛，心想：天哪！他三哥是个很有才华的工大毕业生，刚刚四十岁呀！这怎么可能呀！我听到爱人悲痛的声音感到是真的了，我在疑惑中面对现实掉下了眼泪。我三伯哥出殡那天在火葬厂里看到他留下的一个八岁、一个十岁的小女儿捧着她们父亲的那张黑白一尺长的大照片哭成个泪人，所有看到的人们无不伤心，我心里酸楚地感到人生是那样仓促和脆弱，心情很沉重，过了十几天都不能平静下来，自己告诫自己要好好生活珍惜夫妇的感情，三伯哥去世的消息没有告诉婆婆。事后我给婆婆买了点好吃的去看婆婆，婆婆向我念叨你三哥钱就是紧总是不按时送钱过来。因为公公去世后婆婆没有生活来源，儿女们都要尽点孝心，每个月都要给婆婆点钱，我虽说当时是最困难的，可给婆婆的钱总是很积极让老人高兴。当我听到老人念叨三伯哥的时候，我的心都要碎了，心想可怜的老人哪里知道三儿子已经去世了。我当时没带那么些钱，真想替三伯哥把钱给老人，心想过两天替三伯哥送来，第三天早晨四点多的时候我一觉醒来天亮了，躺在床上对小陈说："今天我去替三伯哥把钱给妈送过去，免得老人上火，正在这时候只听外边的大门被敲得咚咚作响，接着听见妈妈去院里开大门的声音，紧接着听到了小姑子的说话声，我和小陈急忙爬起来说一句："不好，婆婆出事了，不然小姑不会这么早来。"见到了小姑子，果然不出所料婆婆去世了。我们两口子什么也不顾了，流泪的工夫都没有，急急忙忙来到了老人的身边，我看到婆婆安详地躺在床上，穿着一身黑色衣裤安详得像睡着了一样，婆婆还是老样子，穿着老式大襟衣服，黑色的勉裆裤，扎着绑腿那七寸金莲的小脚上穿着老人自己做的尖尖的七寸金莲小脚娘的鞋。我一点没有害怕的感觉，摸了摸婆婆的手在老人身边坐了十几分钟，默默祈祷着让老人一路走好。我是一个孝顺重感情的人，平日里婆婆是我的母亲也是我的知心朋友，娘儿俩的心里话总是互相唠唠解解心烦的事，有时婆婆常给我讲她年轻的时候在山东老家的事和笑话，婆婆的去世，我失去了婆婆从心里不好受伤心难过，婆婆出殡的那天，我守在婆婆的棺材旁泪流满面，心里在念叨着：

婆婆你为什么不等到我房子下来过上几年好日子，你老人家不是喜欢和我住在一起吗？这是怎么了？难道这就是人生？说走怎么就走了哪？是那么的仓促！这一个月里送走了两个家人，便得我伤感了很久不能自拔对人生看淡的情绪。

一直压抑着的心情，婆婆去世的一个月后，小陈单位下来了房子，给了个一屋一厨，虽然日夜盼望的家有了，可是每当想起了婆婆盼望着我们有个家好和我们在一起生活，就差一个月没有等到的时候，我和小陈的心里总是沉沉的。日想夜盼能有一个自己家的心愿终于实现了，应该是个高兴的事，可是搬家的那一天我和小陈心情都很低落，高兴不起来都在心里想着婆婆。那天在娘家兄妹的帮助下像蚂蚁搬家一样，也没什么家具，现买了一个桌子几个凳子，我的兄妹们都来帮忙，一个人拿一样，大包小裹的搬进了人生中第一个属于我们自己的家，虽说一个屋不大，可那颗无家吊着的心总算踏实平静了下来。

有了自己的家，我是个热爱生活的人，我爱我的小家更爱我的丈夫和女儿。我每天下班手不闲着，洗洗涮涮擦这擦那，别看小，可家里收拾得干净舒适有条有理。一进门就让人感到是个温馨的小家，可不久我每天下班回来感觉总是精疲力竭，又累又饿，也不知怎么了家里单位都忙我也没想起来去看一看。第二年单位的幼儿园修建，孩子没办法带，我犯了愁，大姐提醒了我让孩子上学去，我一想也好。那时候正好在报名的季节，可我怕孩子年纪小，学校不收，便找到在高中教书的三姐夫帮忙安排在中山小学做旁听，我高兴极了，突然觉得自己的孩子长大了好多，自己也有些骄傲的感觉，我每天清晨要比从前上班要更早一些，要把孩子送到学校看着女儿走进教室，我才一路小跑地去上班，即使是这样，每天很辛苦，可我心里还是感到很欣慰，孩子有了好的去处，半年过去，老师说孩子别看字写得歪歪扭扭的，学习还不错，给她转为正式的学生了，这样我女儿比正常孩子早上学一年，全家都为此高兴。

第七章

天理何在

　　我不知为什么身体一天不如一天，送女儿上学时候，我背着孩子的小书包都感到吃力，每天下班总是没有一点力气，单位里又不顺心。那时候是1983年，"文革"过后刚刚走向正规的年月，我在搞出纳工作，善良耿直的我工作认真。一天食堂的采购员拿了个几百元钱科长批示的白条子让我报销我没给报。因为我学过财会，白条子是不可以报销的，是违犯财经制度的。可第二天那位科长怒气冲冲地来到我面前训斥命令道："你把这个票子报了！"我和蔼地对科长解释道："白条子不能报销，是违犯财经纪律的，如果报销了与您不好与我也不好，是您贪污了还是我贪污了呢？不好办。"话音没落，那位科长阴沉着脸吼道："今后我让你报你就得报。"我无奈给报了销。心情不好的我回到家里一夜没睡好，没想到第二天上班我刚坐下，那位科长气冲冲地又来了，恶狠狠的口气叫我："你过来！"那位科长把我领到食堂的一个没有窗户的磨房仓库里，啪的一声关上门，拍着那里放的一张布满灰尘的桌子，瞪起眼睛吼道："今后我让你干什么你就去干什么去，让你扫地你就去扫地去"，只见那位科长怒气冲冲，腾的一脚把门踢开，扬长而去。

　　摸不着头脑的我，委屈地抽泣着，一边拖着沉沉的脚步往办公室走着，一边不由自主地流下了眼泪，心里不平的在问上天：天哪我犯了什么错了？做错了什么？至于这样像对犯人似的训斥我吗？我心里在想：这哪里像共产党的干部呀？简直像个土匪头子！天真善良开朗的我从那以后心里蒙上了阴云，果然第四天又调来一个比我年轻的女生来接替我的工作，看得出那位年轻的姑娘脑子很活，虽说二十二三岁的未婚青年和科长们有说有笑的，很会来事，看上去社会经验很丰富脑瓜也来得快。不像我傻呼呼的脑子一根弦一本正经，那两天我把工作向那位新来的女孩交代了一番，被调离会计室，调到科室管一些杂七杂八的事，什么车票粮车票什么计划生育退休公伤的了等等，没人管的都推给了我去管。忙得我每天脚打后脑勺，还费力不讨好。我的心情一直压抑着，心思透不过气来。觉得共产党的天下，难道没有说理的地方吗？我是好心又错到哪里？一天我在食堂吃饭，正巧厂里的书记坐在我对面，这时候我心里涌起不平的气愤，觉得心里有话向党说说，党要是能说几句公平开导的话安慰的话，我心里也能好受一些。我下了很大决心向书记讲了那些经过，第二天一上班果然一大早科长办公室电话铃声响个不停，只见那位科长接了电话就出去了，我感到是厂里的书记打的电话。半个小时过去后那位科长回来了，那时办公室里只有我一个人，那位科长自言自语道：过去有一个大臣，犯了严重的错误，皇帝把他叫去，他本以为要杀头的，可皇帝把他当成了护身符了。只见那位科长俩手插在兜里缩着个脖，一边的领子立着都挡上了耳朵，阴险的表情蔑视的眼神扫了我一眼，昂首挺胸傲慢地走出了办公室。

　　一个星期过去，厂里办了个文化补习班，因我是70届毕业生"文革"失学的一代人，我报了名，那位科长立刻同意了。那时候我情绪低落忧郁，但好强的我努力克服着心里的压抑刻苦努力学习，顺利地毕了业。这时候，我们的总务科和别的科室合并为服务公司，我被劳资科分配到了服务公司临时搞工资、计划生育、退休人员的生老病死，总之那段日子很乱，没人管的事都是我的责任。我知道我被那位科长划到了编外人员，那位科长分到公司所管辖的职工医院去当了书记。当时医院是归服务公司管。我那几天感到身体非常不适，发烧，一天我去职工医院看病和那位科长碰了个照面，那位科长蔑视讽刺的口气说了一句："领导来了？"我看到他心底的气愤不打一处来，不会吵架的我看了他一眼觉得他是那么无聊，没有说话便上楼去看病了，医生说我是感冒打几针就好了，给我开了三天病假我也没休。正直善良的我无论在什么情况下，工作起来总那么认真负责。今天要去看看生病的老工人，明天去看流产的产妇，还要做全公司的工资，每天忙得疲惫不堪。好强上进没念够书的我，听说厂里报名上电大学习，我报了名，一天我去医院看望住院的职工，一进厂门碰到一位同事告诉我："你还不知道吧！你报名上电大的材料已报到宣传部又被你们原来的科长给拿了下来"，我气愤极了急忙去人事科想问个明白，到了那正好是人事科长在，我控制着自己的情绪深深吸了一口气，调解了一下心态。礼貌地向科长寻问此事是真是假，人事科科长同情地毫无保留地讲述着，说是原来的科长某某去要回来的，他说："你没有权力学习，我们也搞不明白。"然后说："不要说是我告诉的。"我听到这里简直无法控制在心中翻滚着的愤怒，一时间感到头好大。哭泣的心在问苍天我犯了什么法、犯了什么天条？学习的权利都没有了？我那压抑气愤忧郁的心情像沉到了暗无天日的地牢紧锁在心里，我在心底呐喊：苍天哪！天理何在？！

第八章

病魔的降临

　　那天我从人事科出来，气得我头晕目眩，深一脚浅一脚跌跌撞撞回到了办公室，我无力的坐了下来趴在办公桌上，只觉得胸闷的要炸裂般难受，泪水随着心中的恨无法控制地流了出来，同事们关心地问道："你怎么了？怎么回事？能说出来大家帮你解决。"我没有心情说，我也无法去说清楚。冰冻三尺非一日之寒，不是一两句能说明白的，别人也无法插手，我心想还是算了，我一个人沉默不语，痛苦地流着泪，我趴在办公桌上抽泣着，泪流满面地抬起头来，突然听我咳嗽几声，紧接着我感到嗓子一热，一口什么东西堵在嗓子里，只见我用力一咳吐到我手中的手纸里，我仔细看了一眼，脸上的眉头紧缩了一下，自己好像没在意顺手丢到纸篓里，低声自语道：是一口血！一位同事看在眼里提醒我说："小吴，你明天别来上班了，还是去医院看看病吧，我看你病得很重。"当时我那叫天天不应叫地地不灵无助的受伤的心灵，像被撕裂在淌着血。那天我拖着那沉重无力的脚步梦游般回到了家中。爱人看着我那伤心憔悴的样子，心疼焦急地问我这是怎么了，我一见到了亲人，毫无保留地哭诉出来，我爱人安慰我说道："什么事情现在都不重要，目前重要的是去看病。"第二天小陈没上班，陪同我去了胸科医院看病，做了细致的检查，做了胸透，照了胸片，当大夫看片子的时候大吃一惊，用疑惑气愤的目光责怪我丈夫训斥道："病成这样就没看过？再过两个月就不用来看了，直接去太平间算了！"医生说我得了严重的八期开放性空洞型肺结核，老话讲是痨病。医生在那边数落念叨着，小陈在这边急得直搓手来回踱步。大夫命令的口气指示道："赶快住院！"工作上的坎坷家庭琐事的烦恼，夫妻相爱却很少能相亲近的忧伤，压抑着的忧郁情绪透不过气来的日子，使得好强的我终于支持不下去病倒住进了医院。

　　我住在胸科医院，二一二病房，那是1984年的初春，我那忧郁的心情更加沉重，我躺在病床上思绪万千，我在想：人哪！难道活得都像我这么苦吗？从家里考虑到单位，从单位回忆起小的时候，我的命运难道就到这个地步就要完结了吗？我活在这个世界上就这么艰难吗？我在心底问上天，三十岁的我命运就这么凄惨吗？我那颗伤痕累累的心在折磨着自己，经常夜不能眠，常常泪水打湿了枕巾，数着星星过夜。住进了医院病情反而又加重了许多，梳头也没了力气，吃饭端碗也感到很重很吃力，病情加重倒在床上勉强自理。医生看了急了批评我："你不和医生配合好病能好吗？现在病情反而加重！"就这样，医生每天会诊都要教训开导我一番，我自己也认识到病状的危险性，也努力在不断控制调解着自己的心态。

那医院在市郊，我爱人三天一来看望我，给我带来水果做一些好吃的，看着我吃了再走，家里的小女儿刚上小学二年级还得丈夫来照顾，又得上班够他累的了。每当爱人该来的日子我的心情就好了许多，我每次都努力把自己收拾的有点精神，怕爱人看出我病情不好让他上火更加挂念，我每次都逐渐努力起来，咬牙坚持下地慢慢地走上几步到病房门口把着门框，盼望着爱人能早点来看我，在医生和爱人的劝导下我心情好了许多，我慢慢的自理能力也强了许多，能走到走廊去了，每当听到或看到不是这个病房死一个就是那个屋去世一个，那些日子我的心情又沉重得不能自拔。医生严厉批评警告我如果你不调解好你的心态，不是吓唬你，你也逃脱不了死亡。命运总在捉弄我和我过不去，不给我一点面子，就在这样的病情的情况下，无情的单位那里满城风雨的传出我贪污了几千斤粮票的消息。那几年每个职工每个月要根据工种补发几斤粮票，这统计发放的工作住院前是我负责管理，我住院后那位接替我工作的同事，没搞明白漏掉一本发放的收据票子，因此市里粮管所来审核时对不上了，单位那边忙的手忙脚乱并谣传我贪污了。原科室的领导书记了解我的人品，让单位的人来找我回去一趟帮着查核一下，当单位来人说明来意后，我又急又气心想这怎么能乱冤枉一个人呢？我心里不平衡，觉得自己忠诚老实勤勤恳恳地工作，到头来我病成这个样子不关心也罢了还落井下石，太残忍了吧！我想到这里气得全身发抖，我无奈勉强支撑着那病弱的身体和单位来人一同去了厂里，虽说我上气不接下气呼吸困难，无力病弱地强支撑着还是熟练认真地打着算盘，对着一年一年的账本发现少了一年的，找来那位接替我工作的女同事问她是不是还落了一本找找看，几分钟后那位女同事红着脸在办公桌里翻出来了那本缺少的账本。我生气地望着她，只见那位女同事不好意思难为情地支吾着，我来到这不到半个小时就找到了原因，解决了她们一个月没能解决的问题，市里来的人敬佩地向我道谢道歉道："不好意思，你病这么重，还把你找回来了真过意不去。"我喘息着接过来说："我不挺着来怎么才能洗清那没有证据的罪名哪？那是人的尊严！人品的问题呀！"那个接我工作的女人自己工作水准不行，还随便胡说冤枉我造成不好的影响，我一看到那个女人气就不打一处来。那个女人不好意思地边解释边支吾着说不出什么，后来只是红着脸低着头。我又气又累已经没有精力再理睬这里的事，吃力地起身告辞，同事搀扶着把疲惫的我送回了医院。这件事虽说过去了，可我在心里对世俗更加厌烦，更增加对人世间的复杂可恨的一面感到深恶痛绝。我不理解那些人为什么能那样坏？心肠那么狠。我觉得我自己对别人真诚善良，认为社会上的人都能和我一样为人，复杂的社会事实给我很好的证明，一句话我太天真了。我这次这么一折腾，毫无疑问病情自然加重了许多，面对着自己一天天加重的病态我面临着现实病况和死亡，我好像有一种被世间所有的大山压在底下，有一种无力回天的感觉。一连几天我夜不能寐、辗转难眠，浮想联翩，当我想起面对我那八岁的小女儿，想起来顶风冒雨风雨不误来看望我那深爱着我的丈夫的时候，我从丈夫眼里看到深情的期待我早日康复的目光里认识到这个家不能没有我，想象着女儿没娘的样子，我又想起来单位里那个欺人太甚的科长，想到落井下石的坏女人，我感到有一股强烈求生的欲望，促使我告诫自己我不能死！我要活！要改变命运！改变这一切！我在心里强烈的自信心在我灵魂深处暗暗地下定横心，向命运向病魔宣战！我自信道：只要有一线希望，命运一定要掌握在自己的手里。我要告诫人们在这个世界上，在这个国土上，还有一个小小的我！！！从此我努力坚强的向病魔作斗争！努力克制调解心态，配合医生的治疗，向病魔挑战！向命运抗争！

一个月过去当我能下地走动的时候，看到一个病房刚刚二十三岁长得漂亮乖巧的女孩，听说知道自己这次回不去了自己把去世的衣服都做好了。那天我去看那位小姑娘的时候是个星期天，听说好久没有家人来看她了，只见那小姑娘瘦弱成一把骨头的身躯，吃力地哆哆嗦嗦地用那颤抖的手在用酒精炉子煮了一口面条，又无力地爬上了床。我看到这里再也看不下去了，便回到了病房，第二天听说那姑娘去世了，我听到后在想那天也不知道她吃没吃上那口面条？说也奇怪，得了这个病的男人女人们长得都不错，一个隔壁的男青年听说一米八的个头，很帅，是个日本遗孤，有个女朋友看他病重离开了他，他的日本父母来接他看他病重抛弃他回国了。我病房八床的病人已经是没有治疗价值的病人，长得也漂亮，可惜两个肺叶都没了只能等待死亡，她也是一个不能医的病人，她的爱人很少来看她，没有钱和粮票用了也没人管，可怜得很，八床的病人只得自己勉强地爬起来，上气不接下气吃力地去打电话向她爱人要钱和粮票，可她还不知道什么时候能看到钱粮哪！对屋病房的那个病人那年三十八岁因多年有病没能结婚，从来没看到有什么人来看过她，虽说她骨瘦如柴，面貌长得很清秀，一点也不像那么大岁数的人，一天有一个六十多岁的老太太来看望她，手里拿了一小牙西瓜，听说是她妈妈。我只听她妈妈向医生寻问她女儿哪天的事。那大夫说就这两天的事吧，又听到她妈妈说道："那，我就不过来了。"当时听到这儿我的心深深地被刺痛，第二天晚间只听见对面那老姑娘的病房里一夜没睡，她好像知道自己要不行了，和看护她的老太太唠了一夜，只听到时不时的那老太有些不耐烦高一声低一声的答话，那老姑娘好像把一辈子的话都说了出来。到第二天下午那对门的老姑娘咽了气，只看见有一个太平间的老头，拿了一个布单裹着尸体兜了出去送往太平间去了。

　　我看在眼里，心里在想这也是人的一生，凄惨又凄凉。我见到这一幕幕真实的情景，在我灵魂深处悟出了人生的一个道理，人生要靠自己的力量顽强生存，我在夜里想过去想将来想人生，想起故去的那些病友，联想起自己现在的病情，爱人目前对我还好，这只是刚得病罢了，人是在变的，谁知道以后又如何呢，我又想起了工作上的坎坷，从此我在心灵深处再一次发誓：我不死！我不能就这样死去！人只有一次生命！我要把握好我要珍惜！我要活！我要活的有价值要为后人留下点什么！从那以后，我恢复了自我调解着心态使我性格开朗了许多，每天早晨根据自己的身体状况到户外边去坚持散步，走几步累了就坐下来休息一会儿。一次我看到医院里的野梅花开了，高兴的仿佛回到了童年的家园，情不自禁的用手拉过一只花，伸过脖子刚要闻一闻花的香味，可就在这时一个医生说了一句："别摘！你们多看两眼吧！等下次去太平间也就看不到了。"这句话使得本来好心情的我情绪一下子落到冰冷的地狱，我生气地瞪了那医生一眼，那医生没理会地走了过去。我在心里真的很不高兴，气得我大喘着粗气望着那满院春色想排解一下这晦气，舒展一下心情，盛开的野梅花野桃花映满眼帘，我大口地吸着带有新鲜香气的空气，瞬间脑海里浮现出《红楼梦》里林黛玉葬花的情景，本来多愁善感爱哭爱忧郁的我。浑身无力地坐在了野桃花的树丛中，一个人不知不觉地抹起了眼泪，忧伤的我一下子把自己比作黛玉，情绪低落到极点，在心里和自己对着话：我真的会死吗？自我在心里反驳道：不！决不！生活是多么美好！我还年轻不能就这样离开美好的人间！热爱生活的我想起了小时候家里的花果园，我憎恨那个医生是那样的残酷无情，可那医生的一句话激发了我向病魔挑战的自信的力量，我镇定起精神，那医生那句刺耳的话反而增强了我活下去的自信力量，就这样我开始和病魔坚强地作着斗争，向人生挑战，抬起头鼓起勇气挺起胸膛向命运较量！有一个坚强的信念有一股强大的力量在鼓舞着我，那就是：我不能死！我要活下去！

在我努力和医生配合下，半年过去了病情有了好转，一天爱人来医院看我，照常带来了些水果还有鱼还有爱人炒的那紫红色的水萝卜菜，无意中爱人笑呵呵地说了一句："叶子我和孩子炒着吃了。"爱人是无心地溜出了一句，我心里感到一阵酸楚意识到家里经济很困难了，我看爱人操劳得消瘦了许多，我决定出院，不然孩子和爱人都会被拖垮的。爱人走后我向医生提出要全面检查一下，如果不传染了就马上出院回家养病。医生不同意，可我每天如坐针毡，心不安，我再次向医生提出，医生无奈给我做了全面的检查同意了我的请求。正好十一国庆快到了，我告别了病友离开了那个让人心碎的医院。

终于回到了离开半年心爱的家。一进门心就感到是那么踏实安全的感觉，虽说当时的家很小很乱，可我觉得家是那么的美好，幸福是那么的亲切，住医院半年可却感觉好像有一个世纪。当我看到了日夜牵挂的小女儿的时候，激动高兴地搂着小女儿亲了又亲看了又看！虽然女儿瘦了也长高了点，小女儿看到妈妈回来高兴的又蹦又跳拉着妈妈滔滔不绝地讲着妈妈不在家的时候，她和爸爸怎么过日子的事情，每天吃什么干什么！又讲了许多她在学校里的事，总之汇报个不停，我躺在床上望着女儿从心里感到幸福快活，我认真地倾听着，小女儿高兴的那张小嘴滔滔不绝地讲着，当我仔细从头到脚看了看女儿的时候，我情不自禁的眼泪流了下来，真的感到爸爸心粗孩子没娘的可怜，女儿身上穿的衣裤看上去有些没洗透彻，孩子那头短发也参差不齐，也不知道女儿因为什么事受了委屈脸上抹的泪水，变成个小花脸的模样。小女儿小嘴还在不停的绘声绘色地演讲着，我情不自禁的不知道是高兴还是伤感，一把又将小女儿紧紧地拉在了怀里拥抱了好一会儿。我在想总算回了家，不管怎么样回家我不能干什么，可不用爱人来回跑了。我还可以告诉不会做家务的爱人应该做什么怎么样去做，经费支出也会节省许多。我看着爱人高兴地忙里忙外的感到很幸福，心情也好了许多，一个星期过去，我试着起来干些力所能及的家务，扫地、慢慢地擦擦柜盖，可才干了几分钟，就得躺下休息，就是这样好强的我每天尽量去做,减轻一些爱人的负担，爱人每天再忙也要把地板擦一遍这样屋子里空气能好一些，对不能下楼的我的身体是有好处的，爱人细心想得周到，我在家坚持用药，这个病是富贵病，怕生气怕忧虑最怕的是感冒，还得营养跟上才行。半年过去了病情也没见有什么好的进展，秋天到了天气变化无常我一不小心感冒了，这一感冒吃了好多药也不见好，病情有些加重了。夜里咳嗽个不停。有一天半夜里咳嗽得很重，我的爱人在单位那些日子设计任务太累睡的太沉，我和爱人说："你也不关心关心我"，可丈夫像没听见一样还是呼呼大睡着，我又说了一句，只听到丈夫不耐烦地说了一句："不行住医院去好了"，翻了翻身又睡了过去，我有些接受不了，一向对我温柔体贴的丈夫这是怎么了，我好像被无情的铁棒砸到了深渊，自私的丈夫睡觉，有时候把自己裹得严严的怕碰到我，这我也理解，我知道丈夫也想我，可他自己工作又累了就更是不行也是很苦恼，可是我认为他作为自己的爱人应该多给我点温柔和安慰才好。我的心情好些，病情也可能会好得快一点。可刚才丈夫的表现，使得我一夜没能入睡，泪水打湿了枕巾，我觉得不管平日里爱人表现的怎么好，丈夫是累了也好烦了也罢，总之这句话伤透了我的心，我认识到丈夫这无意中暴露了一个人的本性。使我深深的认识到，看来人哪自己还要有个好的身体才好，伤心的我又想起住院的时候，死去的那些病友们，看起来病久了真的谁也不行，爱情也是没有永恒的，没有一成不变的，这一夜我没有合眼，思前想后更加认识到了一切要靠我，要坚强起来，什么爱不爱的，这个世界上没有永恒的爱，只有自己爱护好自己，有了好的身体才能迎来一切，不然一切都是暗淡无光的。在人世间忠诚永恒的爱有多少呢？可能无论是男人还是女人，我总结着爱是随着岁月环境条件在不断改变。我告诫自己不要流泪要重新站起来活下去，我认识到没必要再伤心，不需要让任何人可怜和同情自己，要顽强地和病魔作斗争，我暗暗鼓励自己能做的尽量自己顽强地去做，一切困难都要自己咬牙去克服，要坚强要自己爱自己才行，我那一夜回想着我坎坷的半生，还要活出个样来，要活得有价值有骨气。我默默地向病魔向命运挑战着，半个月过后我感冒好了，精神也好了许多。一天丈夫下班回来讲："你们单位打电话来了，说三天之内让你把办公桌倒出来，不然就撬开。"我听了又恨又气，难道几千人的大厂子，一个小小的办公桌都要得这样急吗？我无力到单位去，只好让爱人去了一趟单位把办公桌倒给了他们。本来我的心情刚好一些，单位的所作所为又一次刺痛了我破碎的心灵，我忧郁的心情使病情又加重了许多，自理能力很差，拉被子的力气都没有。我的心灵深处勾起了那愤怒的火焰在翻滚着，我倔强的好强的个性促使我发誓：只要我生命里还有一星微弱光亮也要让那点点星光化作那熊熊的烈火，扑向那扇紧锁着高昂着头的人生门槛，要让自己的人生更灿烂！那区区的一个小小的办公桌算得了什么，小人之心度君子之腹！我想天是我的房，地是我的桌，莫大的天地之间不会没有我立足之地的，我想只要我还有一口气路就在脚下。我默默地在灵魂深处调整着自己的人生价值观，在自己心里告诉自己：抓住生命，我要顽强拼搏，要走出自己的路，要为后人留下点什么。

第九章

路在脚下

　　回想我这半生坎坎坷坷，面对病魔的降临无奈地在死亡线上挣扎着，却使我真正认识到国际歌歌词写得是那样精辟，从来就没有什么救世主！也不靠什么神仙皇帝！要靠我们自己！我感到这是人生的真谛。我在病床上，自己阻挡不了脑海里总在翻阅着过去的苦难与坎坷，想到自己，这口气都喘不均匀的我躺在死亡线上，满腔的怒火爆发不出去在心中压抑着，无奈化为压抑的滚滚的浓烟在我心灵深处翻滚着。从此我像换了个人，三十出头的年龄，活泼开朗的我，失去了往日的笑容，沉默寡言，看上去像未爆发的火山无声无息苍白无力，可压抑在灵魂深处的泪水常常随着忧伤的心情在心里暗暗流淌着，有时像细雨，有时像暴风雨，有时像倾盆大雨，心情更糟糕的时候，最好的方式就是随时发泄出来，雷阵雨过后，找回属于我那份希望的曙光，爱哭的我泪水成了我独自调解心态的知己，倔强好强的我不甘心就这样倒下去，平日里思考着整理着自己的心绪，告诫自己我不能死我要活，而且要活出个样来，我要做个强者，要有博大的胸怀，决不能枉活一世，决不能就这样离去。我坚定了自信心，我告诫着自己，只要生命里还有一线生的希望也要紧紧抓住，让坎坷与磨难化为改变命运的动力和能量，我要推开那扇高昂着紧锁着的人生门槛。我晓得自己身体的状况，我目前是在死亡线上挣扎，我要以呐喊的精神和婴儿吃奶的力气，以滴水穿石般的毅力去顽强地向病魔抗争，向命运挑战！去努力争取新的曙光而奋斗！我常常在心里自己和自己对话斗争着，好强倔强的我决定要赌一赌、拼一拼。

　　我喜欢听那个年代《木鱼石的传说》和《西游记》里的主题歌《路在脚下》这两首歌曲，那里的歌词常常在我脑海里翻滚着"只要你坚强就会获得，路在何方路在脚下"。这歌词这歌声呼唤着我。热爱生活热爱大自然，自幼酷爱绘画富有绘画天赋的我，决定踏出自己的路，要抓住生命的每一寸时光在艰难困苦的人生道路上，脚踏实地一步一个脚印地他出自己的路。从死亡线上挣扎的我，认识到人生时间就是宝贵的生命。那几年每当我回医院复查病情的时候，总会听到病房里和我一样病情的病友去世的消息，不是谁谁就是某某去世了，我的心情很沉重，我意识到我必须要抓住自己的生命要向命运挑战！要向病魔抗争！我再一次告诫自己，再也不能让命运的乌云垄

97

断着我的生命，忧郁下去，就是等待死亡。我要向病魔挑战！向命运较量，我要在沉默中把心中的烟雨化为坚不可摧的精神力量！我拖着沉重的脚步开始踏上我人生低谷中最艰难最聪明的选择，走出自己的路，我在心里时刻告诫自己！要自信，路在脚下。只要锲而不舍地走下去，只要我的心还在跳动，脚步不停留再难的路总会过去，只要耕耘就会有收获，闯过去又是一重天！自信是我坚实的信念！坎坷与磨难对于我来说是我力量的源泉！

　　1984年深秋的一天，我在病榻上拿起了画笔，记得那天室外是个阴雨的天气，屋内暗淡，没有一丝光亮。我打开灯在灯光下，用我女儿上图画课用过的那只脱落了毛的水彩笔，还有那发硬的颜色。我无力地挪动着身体，依靠着墙壁半坐着，身上盖着一条褪了色的绿毛毯，吃力地在病榻上开始了我艰难的征程，虽说我无力缓慢的动作不是那么灵活，可是我自己感觉自己动作里透着坚不可摧的精神和力量，是自信在支撑着我。我吃力地临摹着房门挂历上那张法国雷诺阿的世界名画《包箱》，刚画上几分钟，我的胳膊便无力地抬不起来，身体顺着墙壁不由自主地滑了下去，我不服输，倔强好强的我躺下休息了片刻，又重新吃力地拿起了画笔，就是这样我以常人难以想象的毅力艰难地画着，每当我力不从心的时候，心中坎坷的往事烦躁地乱作一团，让我恨天怨地，在我心灵深处呐喊着问苍天为什么让我降生在这个人世间？为什么让我多灾多难？上天折磨我用意何在？爱哭的我控制不住地泪如雨流淌了下来，我在心中叫天天不应，叫地地不灵，我破碎的心灵伤痕累累，但是我并没有倒下去，我没有一丝放弃要追寻的梦。我把伤心的泪化作滴水穿石的精神开拓着自己的道路，向病魔向命运开始了生与死的较量，坚实地迈出我人生低谷中最艰难的一步。

　　我想起在1982年上学时候写过的散文《路》这篇文章，想起来还颇有些骄傲，那时给我们上课的是位六十多岁老作家，我的那篇文章受到老师的好评，并把我的文章做样板在全班读过，我至今还记得有这么一句话"我，不愿走那宽广而拥挤的路，我要走那荆棘的路，要踏出自己的路"。我在那个年代就厌倦了你争我夺尔虞我诈的世俗工作，要踏出自己的路。命运给了我这个机会，这可能就是天意吧！古人云："塞翁失马焉知非福。"这也许就是上天为造就我的一种不可抗拒的残酷无情的方式吧！一个星期过后，一张一尺半宽两尺长的水粉画临摹像复制一般呈现在眼前，我丈夫看了惊呆了！傻傻地弯着腰距离画有两米远四只眼睛盯着看了好一会儿，那眼镜下面的眼睛眯成了一条缝，看得那个认真劲儿，好像他是个行家似的，细致品味着欣赏着，可表情是沉默冷淡的。看后也没有太多的语言，只说了一句："不错！"我看到了自己在自信顽强中得到了收获，更使我深深认识到只要锲而不舍地艰辛耕耘着，路再艰难只要脚踏实地地跋涉着，收获就会在眼前，我感受到了有一分耕耘就会有一分收获的真理和喜悦，从心里感到了刻苦努力下的欣慰，第一张成功的作品更增强了我的自信。就这样我支撑着病弱的身体，以顽强的毅力将一张张挂历上的画面在我手上如同复制般的临摹了下来。我好像看到了生的希望！在我那暗淡的心灵里，一线曙光在呼唤着我！我坚信自己有这个天赋和毅力去顽强拼搏，奔向我人生渴望的彼岸。

一天我做梦都在梦，想都没敢想的那难忘的幸福出现在我眼前，那就是我丈夫下班为我买回来了绘画用的画板、颜料和画笔。那时候，尽管爱人不懂得那两只笔是画什么画用的，可是我爱人为我做的这一切使我永生难忘！我真的好感动，是我终生感谢丈夫的一件事情。当时兴奋的我好像忘了自己是个重病人，瘦弱无力的身躯急着起来像个孩子似的搂着爱人的脖子，露出了久违了的笑容，亲了又亲爱人消瘦的脸庞，我从心底深沉地脱口而出："谢谢大哥！"那时候，其实我的丈夫是看我画得真是不错，看我那几天精神也好了许多，他为了让我养病画着玩的，其实我丈夫哪里想得到，我那颗沉默下的心灵，卧薪尝胆下了恒心要拼搏要较量我的人生！从那开始，我那倔强好强的个性如同射出的箭一发不可收，无论是病魔还是世俗的小人怎样折腾我，我认准的路，任何艰难险阻都被我踩在了脚下。我从小就磨炼了不达目的誓不罢休的意志和个性，从此我以常人难以想象的艰辛和毅力踏着自己坎坷的艺术道路拼搏着！用我那刚毅的精神和力量艰难地攀登着向命运较量着！

那是1984年初冬的一天，我从病榻上下来到沙发上，又无力地休息了片刻，第一次来到了桌子前，拿起了画笔，在书架上找来了好多年前我在地摊上买的一本破旧的国画册，开始了我国画的自学生涯。那是潘天寿的大写意荷花图，我喜欢荷花，我国的文学家朱自清笔下的《荷塘月色》里"荷花出淤泥而不染，濯清涟而不妖"的品格给我内心留下了深深的烙印，这也是我人生、性格的象征。我酷爱荷花，我拿起画笔望着那大写意映日荷花的作品认真读，仔细研究，突然来激情的灵感尽情地画了起来，可我那心有余力不足的身体不由自己，画了十几分钟累得我浑身发软两腿站不住，无奈又躺在了沙发上，我不甘心，躺下休息了十几分钟后，又咬牙起身坚持着完成我一天的计划，在我的心灵深处一个强大的信念在支撑着我！那就是，我要活，要走出自己的路。要抓住时间，时间就是生命！如果倒下将意味着死亡和失败！坚持就意味着希望！我不能倒下去！就是这样我一次又一次的战胜自己，一天又一天来到了桌前拿起我那心爱的画笔，锲而不舍地坚持着，那一把把五颜六色的药片伴随着我和病魔命运抗争着较量着！我在那与世隔绝的不足二十个平方米小小的天地里，在沉默中奋斗拼搏着！

转眼间，半年过去了。我的耕耘与收获一再给了我欣慰，我的身体不但没有垮下去还有了好转。可能是有了精神支柱的缘故吧！我最高兴的是自己又恢复了自理的能力，还能做一些力所能及的家务活。我更加珍惜时间，每天勤奋拼搏着，不放过每一分每一秒努力刻苦钻研着，累了就躺下来看有关绘画方面的书籍。一年又过去了，我除了能在家里做一些力所能及的家务以外，坚持绘画的时间在不断增加，可就是没有力气下楼上楼，有时候我寂寞了望着窗外，看着楼下玩耍休闲的老人和孩子们，还有那些川流不息的人们喜笑颜开的模样在心里羡慕极了，自己劝自己一切会好起来的，面包会有的，只要去努力一切都会好起来的，我常常对自己说：我是一个压不垮的人，往往一到这孤独的时候，我更加认识到自己应该做些什么，休息片刻我便又投入到研究绘画技法当中去，什么都忘却了，时间像流水，半年又过去了，我的绘画能力和水准不断在提高，也能慢慢下楼了，不过只能根据自己的身体状况和能力来决定能走多远的路。母亲听说我在学画画，就找了个有点名气的王田朋友，让他给指点指点。虽说离我家不远，可我也要走上半个小时，我每去一趟累得精疲力竭的，每次去那位老师只是说：这孩子有发展，总是提不出什么来，总是让我一张画要临摹十张八张的。一次那位老师让我半年画一百张再来，可我用了半个月，画好了水准很高的一百张临摹的画拿给那位老师看，那位老师看了感到惊讶说了句："这个姑娘少见的毅力和天赋，一定会有成就的。"可他哪里知道我还是个重病在身的病人呢！我照常人要付出多么艰辛和毅力才完成的，后来我才知道，那位我妈妈的朋友是书法家，不是搞绘画的，我身体不好，去一趟又费时间又累得不得了，我从那以后下定决心自学。想起来我的命还算好，那时候书店离我家走路的话十来分钟就到，还路过省美术馆，这巧合可能也是天意吧！我每次去书店买书看书的时候，我总要去看看展览，充实自己，开阔一下眼界，从那以后书店成了我的加油站。有时候，在生活费里能挤出点钱来的话，我就到书店去买几本自己要用的画册，买不起的就在那研究，有时候累得干脆坐在了地上研究很久，常常天色已晚书店下班了忘记了回家。后来有条件了，我就买上几本书画和诗词歌赋，回到家里我如鱼得水似的。一年两年大街上都看不到我的身影，我全身心地投入到绘画当中，废寝忘食地研究着从古到今的绘画技法，买来芥子园自学书籍，买来潘天寿、齐白石、任伯年等老前辈和近代老前辈的画册，埋头专研苦练着，技法和作品的微妙变化，我如痴如醉临摹研究着、浓淡干湿、工笔画小写意、大写意、竹叶子画法、个字介字芬字、梅花的无女不成梅等。中国画讲究的是精气神，我潜心研究着。在这期间去单位开支的时候，因为单位太远，身体又不行，我每次到了单位里上楼都很吃力，总是气喘吁吁累得不得了，无力地要坐下来休息休息才能往回赶，好心的同事安慰道："好好养病！"有的人却用讽刺的口语说道："如果你不有病，现在是不是也闹个科长当当了，有可能还闹个厂长当当呐"更可恨的是那位科长看到了我阴冷地说道："现在肺结核病人死的不少！你得注意身体呀！"表面上不知情的听了好像有点好意，知情的人听了蔑视他是个无情坏透了的小人。我真是不愿意去那尔虞我诈的世俗的单位，可又不得不去，后来找了个爱人单位同事的丈夫在我们厂里工作的高工给来回带工资交诊断书，这样一来我就省了不少时间和力气，也去了不少烦恼，不过有的时候单位里检查身体，我不得不去，见到我的有些同龄人和几个小人，常常递过来的是一种蔑视的目光，这倒成了我难以磨灭的动力，我那沉默宽广的心胸博大精深的理想占据了我整个灵魂，我投入到绘画的那根神经早以淡漠了世俗的一切与无争的修养，磨去了世俗的目光。我对那些冷言冷语反而感到那些人是那么的无聊可笑和幼稚。我一次又一次地战胜自我，在沉默中拼搏，我在不断地探索着进取着，悟出中国的国画必须要以书法带绘画。我买来一些书法字帖，从头学起，临摹颜体、柳体、欧体等等，古今先辈们的字帖，行草隶篆，读写苦练。我十几年来感悟到中国的绘画艺术以书法带绘画以绘画促进书法，书法绘画技法糅合为一体方为中国画的骨肉，再纳入诗词歌赋为之灵魂。我力争做一位学海无涯苦作舟的人，认识到不断自我完善不断提高全方位的文化素质和文化修养，方能创作出属于自己风格的艺术之精品和佳作。

第十章

面对现实人生

肺结核病是个富贵病，也就是旧社会所叫的痨病，累了不行，营养上不去也不行，心情不好更不行。我那时候家境贫困，病情总是好好坏坏的，居住的房子又是个冷山墙，寒冷的北方春秋暖气又不供暖，每到这个季节里是我最难熬的日子，孩子上学，爱人上班，单位和学校都比家里好一些，我在家冻得常常穿着件爱人单位发的黄色老式样旧棉军大衣，棉花絮得很厚，大衣袖子又长，只得挽起袖子来写字画画，笨拙得很，行动起来别别扭扭的。本来病弱的我就强支撑着瘦弱的身体站着画画，一会儿就感到压的身体支撑不住，浑身发软没了力气。后来我在家门口旧货摊上花十元钱买来一件生毛呢的藏袍，虽说长的到脚面上快拖拉地了，可是比那军大衣要轻便得多了也方便得多。屋里冷得冻脚，我脚底下又穿上丈夫的旧棉鞋子，本来就无力的我走起路来趿拉趿拉的，那时候家里没钱，也没铺地板，是水泥地。多亏每天没人来，不然我那个形象没得看，本来就病得没了模样。那时候我根本不去想外表如何，现在想起来，那打扮要不是只剩下好的气质简直就是一个地道的叫花子的模样。家里过日子经费紧张要精打细算，我那时候病假百分之七十的开支，只能开三十几元的工资，丈夫开七十几元钱，我每个月还需要一部分钱来买药，单位又不给报销，搞得全家生活很紧，很少吃上一顿鱼肉，平日里有一口好吃的要紧着孩子吃，孩子正长个儿的时候，所以我的营养跟不上去，每次去医院复查病情总是没有什么好转。我的类风湿病因为常年在阴冷的屋子里，手、脚、腿都有增生的关节，再加上肺病的折磨，我有时候真想放弃生的希望，我不知道上天为什么这样折磨我，病魔为什么在我身上雪上加霜。记得一次我感冒发烧浑身一点力气也没有，呼吸都有些困难。肺病最怕换季节的时候，发烧那几天我怕极了，我时时刻刻怕病情加重再住进医院，医生说过我再进医院就是直接去太平间的事了。虽说我有过放弃生的希望，可一到真的病重的时候，从心里就怕死去，我的信念在支撑着我的病体，我一直在严格要求着自己要抓住每一寸时光，要以实际行动去完成我每天的计划，自己只要能爬起来，尽力要起来坚持写呀画啊，能坚持一分钟是一分钟，好强的我还要咬牙把晚饭做好，因为我心里明白能做的尽量努力去做，减轻丈夫的负担换回他对我的疼爱，也增进了我自己的自尊心。

我每天周而复始顽强地完成每天的计划，总觉得明天的太阳会更好，每天盼着孩子和爱人回来吃饭。在我难忘的记忆中使我最伤心的一件事，就是我感冒的那天晚饭后，我以商量的口气对丈夫说："你帮我买点退烧的药去好吗？我感冒在发烧，怕病情加重。"谁料到爱人不是很情愿地说了句："咱俩一起去吧！"当时我一听傻愣愣地看着丈夫，心里感到丈夫变得不可思议，以前一听说我发烧需要去买药的时候，他都会不吃饭也得赶快去，可这次不像他的本性，从来不会让孩子一个人晚上在家，也不会不顾我的病情讲出这样得话来。我有些不相信自己的耳朵，感到吃惊，可丈夫又重复说了一遍，这个时候我解释道："我非常难受，我感冒发烧病情在加重，你不是不知道？你怎么能让我和你一起去呢？如果我能去就不会让你去了！"当时我在丈夫的表情里看得出他的心思，丈夫很想让我陪他去散步。我觉着爱人有些不对头，他以前是那样疼爱我的，今天是怎么了，我又一想是呀，自从自己病的那天起，有几年没和爱人一起出去了，我咬了咬牙从床上爬起来和爱人下了楼。我们边走，丈夫和我边聊天，我无力缓慢地走着，我看着丈夫精神焕发的样子，我感到爱人根本不关心我的感受也忘却了我是个病人，仿佛沉浸在我们初恋时浪漫的感觉，我在想他心里肯定有什么事，是不是在单位里哪个女人让他动心了又不敢去做什么，怕良心说不过去，不然不会突然变得不能让人理解，我病成这个样子可他那边还是春风得意的模样，我这边精疲力竭他却没看在眼里没放在心上，当时我心绪乱七八糟，浑身都难受无力的我，根本没听我丈夫那里在说些什么，不知不觉中我们来到了一家附近的药店，可是要买的药没有，我实在是走不动了，还在发烧，喘气都吃力的我无奈又一次以央求的口气向丈夫提出："你去给我买吧，我实在走不动了。"那天我的丈夫是真的不对头，像换了个人，我说的话他好像听不懂似的反而说了一句："你不去我也不去咱俩回家吧！"我听到这里心都碎裂了，我再一次意识到人生所谓的爱是没有永恒的，当你失色的时候一切都会暗淡无存。我意识到人生只有事业有一分耕耘便会有一份实在的收获，人世间只有事业才是永恒的朋友。那天晚上我们回到家后，女儿睡着了，我发着烧无力地靠在沙发上，忧伤的心实在感到压不下去的火，在心里斗争着是不是和丈夫谈谈，只见丈夫那边抱个肩膀，坐在另一端的沙发上在抽烟，仿佛没有一丝忧虑的感觉，看他那细细品尝着烟的模样，吸一口又从嘴里慢吞吞地吐着烟圈的眼神，望着烟圈慢悠悠散开的过程，那心里有事却悠然自得的样子根本没把我放在眼里，好像我死不死与他无关的感觉，我无法再忍下去了，我不客气地问丈夫："今天你有点儿不对头？"他那边瞪起眼睛变了脸色，气势汹汹地说道："你才不对头哪！"这是他不讲理的惯用手法。我说什么他那边说什么，而且变本加厉。我又说了一句："你是不是在单位哪个女人对你好点儿就动心了"，这话音刚落，我丈夫那边腾地站起身来，一巴掌打在我的脸上，我那病弱的身躯哪能经得起这一打，只见我顺着那巴掌的响声倒在了靠沙发边的床上，还好没把我打在地上，这一巴掌打得我感到不是打在脸上，而是把心打碎了，我用手捂着脸眼泪顺着手的缝隙流了下来，我在眼泪模糊的手指缝中无意地看到丈夫那好像如梦初醒的表情，猛地过来把我搂在他的怀里，摸着我的头，嘴里不停的说："对不起，对不起。"自己在解释道："你冤枉我，我急了就控制不了自己，请你原谅。"我让他这反差的突然举动难以理解，我哭了好久才冷静下来，安慰自己在心中劝说自己批评自己，也许是我真的错了，也许丈夫工作上有什么事？我冤枉他了，丈夫是个非常要脸面的人，怎么会像我想象的那样呢？那天不知道为什么即使丈夫安慰赔礼道歉，可这次真的伤透了我的心。从此我那破碎的心灵又留下了深深的伤痕，使我更加认识到人生要自强要自己爱护好自己，不要靠任何人，不要相信会有一成不变的爱。人世间一成不变毫无私心永恒的爱是不存在的，真诚的爱也只是在一定条件下而不断在改变的。夜里我翻滚着睡不着觉，酸楚的泪如雨在灵魂深处偷偷地流淌着，我脑海里浮现着丈夫不关心我悠然自得的那个样子，我仿佛看透了丈夫的本质，什么发烧了病重呀，他好像早已厌烦还动了手。我再一次深深感到了病久了谁也不行，更谈不上什么爱了，我想我和住院时那些病久了的病人的命运没什么两样。我感到丈夫在变，不像以前那样爱我关心照顾我了，我不知道这是为什么？后来我才理解丈夫他那个时候正是事业拼命的时候，为了评职称拼命工作积极表现，发挥着自己的聪明才智，他是一个特好强的人，所以那两年也够难为他的了，其实好强的我平日里不管病得怎么样，也是咬牙挺着去做一些力所能及的家务，那几年我由于病态总是爱胡思乱想地自找烦恼营造忧伤，有时候恨丈夫如此这样不关心我，挑他的毛病。自己感到我看透这真实无情的人生，那天夜里我没有了睡意，多想得到爱人像以前那样温柔体贴和我亲热的感觉，可他那里却把自己裹得严严实实，睡得香甜在打着鼾把我冷冷地丢在一旁，我仿佛被丢进了冰窟里孤独凄凉。从那以后，平日里我们夫妻大多数的日子都是这样度过的。那几年我每天都在期盼爱人能像过去的日子那样温柔地在我睡前搂搂我吻吻我，可每天他都用被子把自己裹得严严的，我碰他的时候他总是很烦的态度，连说上几句"睡觉，睡觉，明天我还要上班哪"，我是个自尊心特强的女人，一看丈夫是这个态度，我便转过脸思前想后地在眼泪中睡着了。伤心的我常常夜里难以入眠，可我的丈夫那边倒下就会睡得香甜，我望着身边的他睡的是那样实，有时候心里有些心疼他谅解他又有些恨他。我想可能他在工作上搞设计真的太累所以他很烦，我这样想心里好像有了些宽慰，心情舒服了许多。虽说自己总在教导自己要多一些理解多一些宽容，可是日子多了我心里总是觉的有些委屈，我为了不伤害夫妻感情，总是把伤心的泪水埋藏在心里，可怜的我有时候感到很孤独，每当我想起工作上的坎坎坷坷爱情上的酸苦，每天酸楚如雨的泪在心里流淌伴着我度日，我没有朋友去诉说，这个感情上的问题坎坷的命运，使我再次懂得一个真理，要靠自己去改变这一切。我在心里再次鼓励自己要坚强地活下去不能死。我要面对现实，较量人生。我告诫自己要爱自己，病要治药要吃，不流泪要坚强，要活出个高水准来，要让世界的人们都知道有这么一个"小尾巴"还活在人间。我要拼搏出点成绩来，为后人留下有价值的东西。我更坚定了信念，为了明天我要努力奋斗，要活出个全面发展才华出众全新的我来。

　　就是这样我每天都在努力去奋斗，盼望着明天的太阳会更美丽更灿烂。一次我在广播里听到有一家私人结核病研究所，治疗陈旧性肺结核很有名气，中药治疗就是价钱高了些，我想去看看，可我丈夫不高兴，用狠狠的语调说道："那是私人医生不可靠，又补上一句，那么贵都是骗人的假药。"我听了也再三想了想：是呀，丈夫也是为了我好，怕我吃坏了再受骗，不过也看得出他也是怕钱白花身体再吃坏了。可这次我没有听他的。我决定去试试看，我自己拖着无力久病的身躯费了很大劲找到了那家小医院，花了八十元钱吃力地背回来一大包中药末儿。我爱人很是不高兴地说道："吃出毛病就好了"，我没理会他，心想反正我病得这样重，死马当活马医，管它哪！怎么着都是死，只要有一线希望，豁出去了，试一试赌一赌。我就这样第一次开始自己说了做了自己开始爱自己的决策。虽说每天要看我丈夫的脸色去吃药，还别说身体真的有了好转。我没听丈夫的又去拿了一次药回来坚持吃，可是这药对于我们家生活状况来讲也是有些太贵，我也感到吃不消了，因此停了下来。一次，到了月末生活费剩下的不多感到很紧张，我看爱人心情还好，就有意无意地说了一句："到月末了，钱打不开点了，就怕来收什么费的，要是你们单位能发点奖金该有多好！"我话音没落，我爱人那边又发起了山东汉子的臭脾气，鼻子不是鼻子脸不是脸的气势汹汹地往外走着说道："我一定养活你，你哪来那么多事？"其实我那时好像没长大，从来没想过他在单位里又忙又累也有不顺心的时候。只挑丈夫不对，我只想到自己是有多委屈，当时我特认真心里想都没想到他能讲出这样的话来，感到肺都气炸了，我流着眼泪大喘着粗气气愤地说道："我还开着工资你就这样对我，还说什么'你养活我的话'都说得出来，如果我真的不开工资了，更得受你的气了？何况我又没说什么。"丈夫把门使劲一关上班去了。我伤透了的心，感到太累了，就是说话也不知道哪一句话不对劲了，就要看他那凶神恶煞的样子，使我更加认识到一定要自强、自立，要治病要画画。我再次感到只有画笔是我的真诚的知心朋友，我不能放弃，还要更加拼搏奋斗，我开始深思怎么样才能走好自己的路。我决定把自己的作品推向社会上试一试社会能否接纳。我抱着试试看的心理，给哈尔滨报社寄了一张作品《风荷图》。半个月过去了我本以为没希望了，可我无意中打开信箱看到了一个大信封是寄给我的，我急忙打开看到里边是一份哈尔滨报，报刊上面刊登了我的作品，那幅《风荷图》，作品旁发表了一篇一名作家的散文《荷塘》，其实我丈夫早已在单位看到了也没告诉我。过了几天后我接到哈尔滨报社寄来的稿费，虽说只有二十元人民币可对我来说意义就不同了，我激动地拿着那张取款单，千头万绪在心里翻滚跳动着，意识到我在人生道路上迈开了第一步，看到了希望这一步，包含了多少酸苦，在我灵魂深处又埋藏着多少故事。我拖着那病弱的身体，艰难地开拓着自己的道路，又是高兴又是忧伤，我沉默了片刻，瞬间里冷静下来，我没有为这小小的收获而感到满足。我知道这只不过是我长征的开始，我要去拼搏去刻苦奋斗。从那以后，我的作品经常在报刊上刊登，同年里我送到省美术家协会举办画展的作品又有幸被入选，就这样我的绘画作品在社会上有了一定的影响，我的知名度也在不断扩大，我那根无法控制的创作神经，安静不下来的创作欲望在脑海里不断奔放出新的思路。在我心里收获就是我新的一步的起点，学海无涯刻苦钻研，不能放弃要抓住宝贵的时间。就这样那几年报刊上经常能看到我创作的作品刊登，我的爱人不高兴，我投稿看到了也不告诉我，反而阴沉着脸不高兴地说道："在家养病就好好休息，画着玩得了。"我看到丈夫的表情我知道爱人不高兴我太多地接触社会，心里总结着自己这坎坷的命运，觉得决不能低头，决不能听他的，我看透了人生，也感悟到夫妻也罢任何人也罢，人生要靠自己，爱是自私的，每个人爱的方式不同。我的爱人是有着孔子思想影响的一面，也有新时代思想的一面，在他身边我活得很苦很难，我事业上高了他不高兴，低了他嘴不说心里也有些想法，所以我决不能听他的摆布上他的当。

　　我依然锲而不舍地攀登着，一天，我创作找不到灵感累得心烦偶尔打开了电视，想看上一眼收集点灵感，可能这也是天意吧，很少看电视的我，电视一打开竟然是大画家刘海粟的故事，当我看到刘老师年轻时候一边学画一边教学的情景感染了我给了我启迪，我看到这，好像心里亮了起来并视野也开阔了。从来没时间看电视的我被刘海粟的故事吸引住了，我一直看到完，封闭的我一下子觉得见识了不少。我决定走刘老的路，边教学边学习。可是我多年不接触社会了，上哪里去收学生呢？我发了愁，偶然一天我开门看到了楼上和我一样年龄的邻居市医院的小张，正巧小张看到我打着招呼问候我身体怎么样了，我从来都不讲自己的身体如何，总是打起精神咬牙来体现自己还好，我和小张聊了一会儿，把我的想法告诉小张，小张是个热心肠，同时她平日里也被我奋力拼搏的精神所感动，小张把自己的孩子送来和我学画。后来小张看她女儿学得不错，紧接着她们医院的不少同事都领孩子来报了名，虽然我身体还是很糟，可我为了生存为了能多点收入来治病，来买笔墨纸砚，来更好地搞创作，我必须要自强自力要奋斗，我咬牙教起学来。一开始丈夫又阴沉个脸不高兴的表情，每到星期日学生来了，他那边总是板个脸一边说道："看家里搞得这个乱。"紧接着就会听到一声关门的巨响，他进了屋，有时板个脸不说一句话，像谁欠他多少似的，每当我在给学生上课，到了中午他也不做饭和孩子闷在里屋，我给学生要上三个小时的课，我那个身体状况早已经超负荷了，我的胸像刀子在割，像在上刑般忍受的疼痛，常常无力的腿都在颤抖，可我每一次给学生上课都是要含着泪咬牙挺着，全身心手把手地去教孩子们，因为我知道只有我全身心地去教学生，学生出成绩，我才能有更多的学生和收入。好强的我每次给学生一个一个手把手讲着课的时候，都是咬牙艰难的挺过那每一堂课，我虽说在给学生用心讲课，可我的身体在受着折磨我的心在流血，每当学生走后，我累得精疲力竭又累又饿的我像身体里没有了血，空空的无气力的感觉，可我无奈含着眼泪还是强撑着走一会儿歇息一会儿的，去买来一些好吃的做上一桌好的饭菜，来改善一下周日的生活，好让这个家看上去是美好的，我想我要做个强者要让丈夫感到一切都很好，才能让丈夫支持理解我。好强的我在人生道路上像在那刀山火海中艰难跋涉着。我感到女人要想活出个有品位来，事业、家庭、爱人、孩子样样都要考虑照顾周全，活得太苦太难了，尤其是在死亡线上挣扎的我，就更难以想象可想而知了，只有眼泪自己咽。我从教学以后，日子久了家里的生活起了不少的变化，收入高了不少。我教出的学生到社会上参加展览，个个都能拿回金奖银奖的，有学生参加全国画展的也拿回了金奖银奖的，有的参加中外的国际少儿展览的，有的被选入国外的，有的去台湾参展的，总之十几年来，随着我的知名度提高，慕名而来的学生越来越多，有五岁到五十多岁的。丈夫看到生活上好了许多，也不反对我教学了。我感觉自己心情也轻松了许多，学生来上课的时候我不用紧张地提心吊胆地看着丈夫的脸色活着。我身体状况也有了好转，有时候节假日里我带着我的学生们去离家不远的公园写生，学生们非常高兴，因为出去上课在大自然中学得丰富多彩，看着动植物的构造学生们也好理解。由于我有了一定的名气，不知道什么时候单位的人知道了，一天我爱人下班回来，心事重重的表情告诉我说："你们单位来了电话，说让你去单位一趟。"我听了非常反感，因为虽说我的身体有能力去外边，可也得根据路的远近自己的身体状况决定才行，单位离家太远，每次去一趟我都要回来养上几天。没办法第二天我无奈鼓足了勇气，拖着病弱的身体还是去了单位，吃力的我爬到了楼上，累得我气喘吁吁，还没等气喘均匀那工会办公室里的几个人一看我来了，屋内气氛顿时好像"文化大革命"的感觉，本来熟悉的面孔变得冷冰冰的紧张，让人看上去是那么的陌生而古怪，我刚坐下就听到那位女工会副主席让人难以捉摸阴森森压低嗓音的语调，头都没抬地说了一句："你来了？"紧接着又拉长音冷着脸的说道："听说你会拉手风琴？"我答道："那是小时候的事了。"又有人问一句："听说你家有电冰箱？"我答道："是的。"当时把我闹傻了，我突然冷静地感觉到气氛有些不对头，这时候那位女工会主席又开口了说道："厂里有人把你告了，说你在家开幼儿园挣大钱哪，单位要成立一个调查小组，调查你要开除你。"当我听到这里，气的我心跳加快，我那时心情无法用语言来描述，总之心都要碎了肺都气炸了。我在心里控诉：苍天哪，为什么让我活的这样难？我想作为工会组织不关心我的病情，不问我生活是否有困难，却坐在办公室里干这些违背天理不可思议的事情？我气极了压着火，只说了一句："随便！"我无力站起身来回去了。

我回到家里向爱人讲述着今天的一切，我爱人是个内向的知识分子，听了我的讲述，又气又急不知道怎么办好，一根接一根地抽着烟在地上徘徊着，夜里我睡不着思考了很久，决定照实向厂长汇报这几年我都是怎么样活过来的，都在干些什么，就这样我第二天把这几年的大学毕业证书、香港出版的、国家出版的画集和省市报刊杂志刊登我的作品都拿到了一把手厂长那里，无力紧张的心紧缩着向厂长作着汇报，那位一把手已经是我生病以后第四任厂长了，还好那位厂长原来是厂里技术员我们认识，当我汇报后那位厂长高兴地说道："我们厂里有这么个人才我都不知道，是我的失职，这样吧"，他说着便叫来了厂办公室的主任当着我的面让主任给我做一个画案子，安排一个画室。只见厂长安排好后说道："这么几千人的单位养个画家还是养得起的，单位领导班子讨论一下，三天后你就来上班在家也是画在单位也是画。"厂长这一番话是我想都不敢想过的，我激动地说共产党万岁！然后我对厂长说了一句："不调查开除我，我已知足。"那位厂长愣住了，反问道："哪有这回事？"我看到他的表情是诚恳的，我终于明白了松了一口气。我心想看起来是下边的人搞的鬼，我一块石头总算落了地烟消云散了。我和厂长礼貌性地握了握手道谢道："感谢您的理解和支持。"我告别了厂长。我的心情和来的时候来个急转弯，心里轻松地回了家。可我知道自己真的不能上班，身体真的是不行，医院也不会同意的，我的病况都应当住在医院里，怎么能去上班呢？我没办法我休息了两天，又去了单位。首先去了工会，只见工会那原来空间很大的办公室里，不知道为什么今天却搬来了几个办公桌显得格外拥挤。我感到莫名其妙，看到了工会的人才知道，听说要把我分配到工会工作，他们怕我传染反对我来工会才有了此举动，当我看到此景的时候感到可笑无聊，我根本没想上班也不能上班，更谈不上去什么工会，我看到这些人感到可悲可笑。我又去见到了厂长，厂长告诉我说："你就回家去画吧，厂里开会讨论了，宣传部长不同意，说你又成名又成家的都成你的了，意见不统一。"那位厂长说："我看还是算了吧，厂里还是养着你，自己在家画吧，厂里有事再找你来。"我暗自高兴，这时有人来找厂长，我赶紧借此机会说道："谢谢厂长，让您费心了。"向厂长告辞道："您这么忙不打扰您了，再见。"说着我转身走出了厂长的办公室。我这两天来厂里的这些事很快传遍了各个办公室，都知道我的成绩不小，还用的是笔名，一天宣传部把我又叫去让我汇报了一下，把我的有关报刊登载的资料都收藏在宣传部的资料库里存放起来作为厂里的宣传资料。

　　一场风波，一场烦恼终于风平浪静了。我又恢复了平静的日子，我的学生慕名而来的越来越多了，我体力不支所以要面试笔试后才能决定收哪个学生。虽然我很少出门，可我的学生要考美术专业的去师大考前班的学生画起画来，一落笔老师看到就问你跟谁学过？我的学生骄傲地告诉那位老师说："跟吴凡老师学的。"那位老师对学生自语道："不一样就是不一样，无论是色彩还是落笔都比其他的同学有水准，只是早就知道有这么个老师，是个女的可没见过。"这些事都是学生来看我讲的。我的学生多了家里生活也好了许多，我自己好像也有了独立自主的勇气，买笔买一切绘画用品心里都踏实多了。我爱人也不是很反对我教学了，家里的生活也比以前好了些。同时我的身体状况也有了好转，因为我的病情重，烦人的是时刻要注意，一不小心就又不知道什么时候病情又会加重反复，要时刻注意不能感冒，不能累着不能生气，营养还要好，总之这个病是个烦人缠身的富贵病，可我一搞起创作什么就都忘了，吃饭也没了点，累得身体支撑不住也是硬撑着，一直到自己实在是撑不下去了才躺下来休息。像我这样玩命身体一直是好好坏坏的，总是刚好一点又反复。我自己一画起画来什么都顾不得了，创作起来如痴迷的傻子，脑子一根线一条道跑到黑，不把我要创作的作品画得满意了决不罢休，几天是我几十天也是我。楼上那位学生家长常和邻居们讲："那位吴老师整天看不到她出来，就这样身体本来就不好，要活不长。"我就这样拼搏着两年又过去了。

我为了身体能早日好起来，为了提高自己的身体素质和个人全面发展的修养推进书画的提高，每天清晨以顽强的毅力风雨不误天天四五点钟坚持起来锻炼。在离家不远的体育场那里，我正式向一位师父拜师学祖传的太极拳武当无形剑术，那位师父一开始不收看我说我年龄大了，后来经过我诚恳的再三请求终于收下我这个三十过头的徒弟，同时又收了一个女孩一起教，我干什么像什么认真能吃苦，师父看得出我的身体状况不好，经常劝说我还是算了吧，我每做上几下动作下来都是满身汗水，有的时候没有了一点力气，脸色也不好，可我还是咬牙坚持练功。一天学两个招术，每天要练熟练精才能过关，自己在心里告诫自己坚持就是胜利，早晨身体不好起不来也咬牙坚持起来，自己给自己在心里喊一二三起，我不断地告诫自己要生存要活的有品位，有价值就要有毅力就要靠自己的努力，路靠自己去顽强拼搏，就这样我用了一年晨练的时间把那九十八招式的武当无形剑术的套路学成，后来又学会了八十八式的扬氏太极拳，和我一起学的那个女孩学了半个月怕苦就不来了，那位师父非常骄傲地对别的学员说我是一个素质高，了不起的女士，因为虽然说都是一个师父教出来的学生，到我这里打出来的拳法剑术就是不同，虽说我身体病弱无力常常一身汗水，可那一招一式挺拔标准，气质气势不一样，高雅大方，柔中带刚，师父哪里晓得我严格要求自己，其实我身体糟糕的不得了的。我照常人付出了太多的心血和汗水，才有今天的收获，因为我一向本着一个原则，要做就做最好的成绩，不然就不做。我学会出徒以后开始独立练功，孤僻沉默寡言的我喜欢自己活动，我找了个僻静的树荫下独自晨练，那些晨练的人们每天都喜欢在离我三四十米以外观看我舞剑，人们好像看出来我不喜欢人多，也看得出我体弱多病的样子，仿佛他们看得出我那孤僻压抑的心灵在沉默在呻吟。我不喜欢和人讲话，最多看到了熟人摆摆手罢了，有些老人在离我练功不远的长椅上，早早等在那里看我锻炼。时间久了老人们常常看我来了老远地打招呼喊道："姑娘你来了！"我也习惯了向他们摆摆手，有几天我感冒病情不好，发了烧病情加重了十几天我无力起来去晨练。当我能爬起来去晨练的时候没想到一进公园的大门，那些老人像久违了的亲人，老远的就向我招手，几个老人异口同声地喊着说："你怎么十几天没来了，病了吗？"有一位老人幽默风趣地说道："你去拍《雪山飞狐》电视剧去了吧！"老人们向我诉说着我没来的日子他们好像少了点什么，可又多了些牵挂担心我病重。每天到点总会眯起老花眼望望我那常年晨练的树荫下，有没有我的身影。有的老人高兴得像个孩子似地说："姑娘我们每天都是为了看你练功在这里等着，因为你做的每一个动作都特别有风度又高雅大方，气度不凡，看你晨练是一种享受，你可别再不来哟。"我没想到每天来到这晨练还能给老人们带来观看的兴趣和快乐，我自己心里也感到是一种幸福。

晨起练剑

第十一章

真实的我

　　从死亡线上爬回的我，懂得珍惜时间珍惜生命，我已经习惯了每天晚上睡前总结一天的收获与不足，计划着明天的规划，我每天五点起床，晨练后到早市上把一天的菜捎带回来，我为了能得到爱人的理解和支持尽量安排好家务。家里的事能做的不能做的都咬牙尽量去做好，习惯了珍惜每一分钟时间，搞创作麻木的时候就写书法研究诗词歌赋，身体实在力不从心了就休息片刻。我每天周而复始地奋斗着，研究书法研究中国画传统的，老前辈的笔墨技法，想要研究进去，自学的我，就要完全靠我自己的悟性，去努力吃透中国画的微妙的笔墨技法，比有老师的常人要更加刻苦地钻研着，勤奋地去研究理论，并坚持与实践相结合。我如痴如醉地投入，常常忘记了时间忘记了吃午饭，几次烧开水的时候走了神，突发灵感走进了屋里画了起来，一画就是几个小时，天快黑了我去厨房要做晚饭的时候，现场的场面让我惊呆了，铜水壶的嘴掉在炉台上了，水壶干裂的啪啪响声紧张得我不知所措，此时我的脑子"嗡"得好大，好一会儿才反应过来，急忙把煤气关上了。过了十几分钟才平静下来收拾了一下残局，我真是后怕，多亏煤气没灭火，如果水把煤气浇灭了，那可不堪设想了。不知道有过多少次这样有惊无险的经过，我烧水的时候尽量克制自己不去思考创作，可不由我的大脑总是走神，也不知道那几年里把水壶烧掉了嘴多少次，烧坏了几把水壶，那焊接的师傅都认识我了，后来爱人怕我出事就尽量他在家的时候把水烧好了再去上班。

　　我那根紧崩着的创作构思的那根脑神经如痴如醉，着了魔似的写呀画呀。瞬间三年又过去了，我的天赋加上我聪慧的才智和悟性，在我刻苦的钻研下，我的绘画水平其实已达到了一定的高度。一天我烦躁得找不到灵感，累得我想透透气调解一下头脑，几个月没出门的我来到了省美术馆想看看展览，可我刚走进去，那守门的同志说没有展览，我又问道："那什么时候能有画展？"那位同事回答说："可能最近没有，倒是有一个省里的画展正在筹备收作品哪。"我一听心动了，追问一句："谁都可以送来吗？作品收到几号？"那人回答道："谁都可以送，可是评选就难了，可能收到月底。"我点了点头一听又追问那人："今天是几号了？"那位同志又告诉我："今天是十八号。"我高兴地道一声"谢谢您了"便走了出去。我回到家里又投

119

入到疯狂的创作当中，几天里一连画了十几幅作品，我终于感到有一幅满意的，便急忙送到省美术馆裱画师那里把画装裱了起来。可我没想到裱一幅画是那么贵，小一点要几十元，大一些的近百元，当时我没办法也只得裱了，从那以后我创作累了就去装裱画师那里休息，一来能看到不少好画，二来我可以看看怎么样裱的画，这样我也是利用了休息时间学点东西，我一来二去的，每次去都看上个半个小时，日子久了我的绘画也得到了启迪和开阔。同时那位装裱画师想都没想到是，有一天我向装裱画师要了点费边角料，没过几天竟然拿来一张裱好的有半尺长三寸宽的小画送给裱画师看，那位装裱画师仔细看了又看我那个微型小画，虽说小的可怜可程序都是正确的，而且很标准。那位装裱画师抬头惊叹地大喘了一口气说道："吴凡吴凡，你可真行，我带了这么多学生现场手把手地教，这么短的时间还不一定能装裱得出来哪，你呀。"用手指了指我说一句："别看你没正式拜师，那你也得算是我的学生。"我回答道："那是。"当然那次我把我的作品送到画展筹备组那里交了上去报了名。心想试一试闯一闯也没什么丢人的事，考核一下自己的水平。两个星期以后，我来到省美术馆的时候，发现美术馆门前广告板上写着黑龙江省中国花鸟画届展览，我紧张起来提个心，想看看自己这个业余爱好者的画能被省里看中吗，我低个头往里走着生怕我的作品没被入选，收作品的老师看见我，我怪不好意思的，我不敢四周去看一眼只是慢走平视，从头开始观看，当我看到第二块展览板的时候，只见有几位先生女士在一张画前议论着什么，只听有人说："这个人的名，好像没见过，不过功底深厚可能是个老画家画的，根据这画的功夫看，能有六七十岁的年龄了，可一直没见此人参展过。"这时候我也凑了过去，想听一听学一学，当我一看是自己的作品，那幅大写意泼墨的《映日荷花别样红》的作品是我的，我当时紧张得脸红了，不知是高兴还是人家说没见过此人的名字而不好意思，正在这时候一个老人从我背后走过来拍了拍我的肩膀问了一句："这画是你的吧？"我吓了一跳，心想没人认识我呀！我回头一看原来是那位书法家王老师，是母亲老友，他老人家认识那些看画的人便介绍道："这就是你们说的老画家。"话音刚落，十几个人的目光一起看过来，搞得我这个不得劲儿不好意思，那些人大多数是年龄大的老书画家，看得出想过来和我握手，又觉得我太年轻了，手抬起来走了两步又停了下去，打了一下招呼，不太自然地笑了笑，在大家的喧笑声中过去了。我回到家里晚饭后高兴地向爱人讲述着白天的事，可爱人那边根本没反应只是哼了两声，说一句展什么展的有什么用。我已经习惯了他那种反对的态度，自己心里早已不把丈夫的反对放在心上了，我知道自己应该做些什么。我又从头开始奋进着，每天头脑里搞创作的思路到了痴迷控制不了的程度，有时候在梦里都在绘画，有时候自己真的感到很累，想休息一下，告诫自己别考虑创作的问题，可收不回来的那根脑神经，半夜里醒来有了灵感，便爬起来又画，每当我一年半载感到很累很累，感到自己很闷很烦的时候，就想到还有外边的世界，我想出去换换空气换换脑子的时候，脑子里就是书店或是美术馆，两腿出去便奔着这两个地方去，所以那几年书店的人都认识我。自学靠得是书，靠的是我的悟性，靠我那常人难以想象的顽强毅力，我忘却了自己，忘记了几时几日。一天我走进了家对面的银行想存点钱，好多年没存款的我，说起来这真事可能有人会不信，当拿过来单子填写，当填写年月日的时候我怎么也想不起来是几几年了，我看了看屋里日历上只有几月几日，可就没有那年我不好意思地问那银行里的工作人员，可没想到那服务员不客气地说道："你痴呆呀，长脑子是干什么的。"数落了半天，到现在我走到哪我都能认出来那位银行的人，我像傻瓜似地听着摇摇头，心想没办法自己也的确不知道。因为画中国画写的都是子丑寅卯中国的阴历年，我头脑里满脑子的创作又有多年不接触社会了。那次让我一生难忘，记得当时一听是1992年的时候我猛然算了算，1984年到1992年八年了，自己苦笑道：哦，8年了。当时那一瞬间那滋味让我哭笑不得，苦苦涩涩的我走往回家的路上。那几年我看望母亲在乘车的路上头脑里不停地构思一个个新的创作在脑海里翻滚着，坐车坐过了站是常事，一次在老车牌子下边，傻等着那无轨车，一等就是快一个多小时，脑子里在想创作的问题，其实无轨车早已换汽车两年了，我却一点不知道。我出了不少傻事，记得有一年我去药店买药，道里药店没有那药，药店的服务员很负责地告诉我："南岗的松雷对面一家药店有。"我便问："什么是松雷？"他们问道："你是从外地来的？"那服务员回答我"松雷是一个大商场都快黄了，你还不知道？那你知道大世界吗？"我还是摇头，那服务员说道："有

涅

那么两个大商场你都不知道，你都知道哪？"后来我把自己知道的地方说出来，一个是南岗秋林和哈尔滨电影院，那些人笑着说："哈尔滨变化这么大，你出国了？"我问明白后笑了笑摆摆手道一声："谢谢你们的热心。"往外走着，只听到后面那几位年轻的服务员在议论："那女的问哪哪都不知，看上去也不傻，又不是外地人，好像是个外星人似的。"这时候只听得一阵狂笑，我听了不是滋味地走出了那个药店。

我多年来，经过不断多方位充实自己的个人文化修养，不断潜移默化地提高着全方位的文化素质，当我感到孤独创作遇到困难了，心情不好的时候，感到心烦躁的时候，常常大哭一场才感到好受一些，爱好音乐喜欢乐器的我从小就梦想能有一架自己的钢琴，我想如果能有一架属于自己的钢琴该有多好，它能替我分忧，发泄一下烦躁的情绪，我小的时候在亲戚家学弹过钢琴，可小时候家能活就不错了，哪里有什么钢琴呀。我突然决定计划用自己教学挣来的钱存起来买一台钢琴，小时候我可羡慕亲戚家和妈妈的几位朋友家里有钢琴了，不是德国的就是苏联的钢琴，我立志存钱买一架属于自己的钢琴，我默默计划着用自己血泪挣来的钱，一点一点积攒起来，我决定不用爱人的钱，我为了买钢琴十来年没买什么衣服，在钱快存储得差不多了的时候，我就几次利用中午的时间去离家不远的美术馆对面的老哈百去看钢琴，那时候第一批苏联钢琴刚到，我看好了那架四千多的物美价廉的钢琴，现在想起来好像是1993年，那年快到元旦了我终于凑齐了款，我心里又紧张又是高兴。我前几天和爱人说过爱人和我大发脾气，我说："我已盼望好久了，这回是我自己教学攒了好几年才够的。"可丈夫那边气冲冲地说："你自己挣的钱就自己说了算，都想自己花了是不？"其实我心里有数家里我还有一些留用的存款，我不是没计划没数的不会过日子的女人，在我没病的时候我就有过将来要买一架钢琴的这个想法，以前一提起就要吵架，我已经不想再吵了，我要按自己的意愿安排生活。自从我看透了人生以后，只要我认定是正确有意义的事，我从不听丈夫的，我不想再忍受他那专横跋扈的脾气了。我凑齐了钱一天也没等，我不作声自己一个人第一次拿那么些钱提心吊胆地一路小跑着，累得我气喘吁吁地来到了卖钢琴的那，那个卖钢琴的服务员已经认识我了说："你来了几趟了，今天是看是买呀？"我毫不迟疑地说："买，请你给我开一架那苏联钢琴！"我拿着整好的钱紧张地去交了款，我那心里好像轻松了许多又带点说不出的喜悦，那位服务员边说边领我到了仓库，当那服务员说你怎么运回去的时候我傻了，我一看眼前这个庞大的钢琴加上外包装的木板，看上去好一个庞然大物。我立刻头疼了，发了愁，那个年代还没有送货这一说，得自己想法子，我这个病弱的身体又没有什么朋友，我爱人单位很近我无奈就硬着头皮去找他，可我向丈夫讲了一句我买了钢琴没办法拿回去。话音刚落，他那边脸色就变了，我也知道爱人正在搞设计图很忙，可我也是当时没有可找的人，爱人虽说气冲冲的不过还是叫了两个男人往外走着，边走边连骂带数落我，我看丈夫那个样子又看了他叫的那两个人瘦小的样子，好强又倔强的我，心里实在忍受不了看爱人那气冲冲凶巴巴不顾我面子的样子，心想他哪里像个做丈夫的，好像连个朋友都不如，我的心又气又寒，好强的我不是好态度地说道："你请回，请回，行吧，我不用你，行吧。"谁料到丈夫转身领着他那两个人就回去了，这就是我的丈夫，也没再问怎么办帮着想一想办法，没理睬我。我控制着自己的情绪，想了想该怎么办呢，那个年代哈一百是个很要脸面和有名旺的大商场，我灵机一动，决定又去了一趟哈一百商店向服务员说明："服务员同志，我有一个困难，自己拿不回去能否稍等我一会儿，我回去一趟再来！"那位服务员说："那我向领导说一声吧。"我急忙回到了家拿起了笔，用一整张宣纸在上面画了一幅春满人间的牡丹图感谢信。上面写道"感谢哈一百的领导和同志们送货上门服务到家"落款吴凡。我拿着这张画急忙又去了哈一百交给那位服务员，那位服务员恭恭敬敬地带我来到了领导办公室说明了来意，那位领导高兴地拿起感谢信认真仔细地观看着，一边看一边说道："这是你丈夫画的？"我回答道："这是我敬献你们的。"那位领导又看了看那落款便说道："吴凡这名字前几天在报刊上看到过，很有名的。"边看边叫好说道："你看，咱们货还没送到人家感谢信送来了。"很快那位领导派了一个又高又胖的年轻人告诉他："你负责拿钱到搬家公司找人给送货上门，服务到家，那位女士说放在哪就给放在哪里，再给她找一位调琴师，调一调琴。"当时我简直眼泪都要掉了下来，从心里感动的千恩万谢地告别了那位领导。至今我想起来还是很激动，当我那位丈夫下班回来时，瞟了一眼那

涅

已放在屋里的钢琴，一连几天没有和我讲话。过了些日子每当我把饭做好等丈夫回来吃饭的工夫，我利用这点时间练琴，动听的琴声平息了我和丈夫的气氛，有时候丈夫休息在家听到我的琴声，坐在屋里沙发上翘起二郎腿随着音乐打着拍子，也自觉不觉地打起节拍来，我想起来我是活得太难太苦了，每走一步都不容易。从此我有了伙伴，孤独了有钢琴，苦恼了有钢琴，弹出自己心中的忧伤，来发泄着自己的烦恼，每当我搞创作不理想搞不出理想作品的时候，我伏在钢琴上找激情找灵感。我活得累活得艰难但活得很充实，活得有分量。一天我放开《梁祝》的曲子伴随着我的创作思路在集中精力搞创作，突然听到有人敲门我反感地去开门，看了看原来是一名二十几岁的男生，他拿出学生证自我介绍着说他是慕名而来在大学读书，已是大四的学生快毕业了，学习不是很紧，因为自己业余爱好画画，想利用空闲充实一下自己。小伙子高高的个子浓眉大眼很帅气，看上去有一定的素养，我便收了那大学生当学生，他学校里的文化课和画画课不冲突，每堂课他都坚持上，不管刮风下雨都很认真，一年下来他进步很快，有时偶尔他考试没能上课，我便给他单独补了课，在中间休息的时候那大学生便求老师我给他来一段钢琴曲，时间久了我们师生也熟了，那大学生大学已毕业了，还是找空来学画来看我。我哪里知道他渐渐地暗暗地爱上了我，想都没想到平日里只是觉得孤独的我有了一个小朋友，一天在我给他上课休息的时候，和以前一样为了调解一下枯燥的素描课弹了一首钢琴曲，那小伙子站在钢琴旁认真地倾听着，当我弹完一曲的那一瞬间，那位大学生却猛然轻轻地吻了我的额头，这一举动来得是那么突然我毫无防备，同时那小伙子脸涨得通红紧接着急切地弯腰道着歉："老师冒犯了对不起。"他慢慢地坐在沙发上低着头说道："老师我真的喜欢你，真的爱上你了。"我当时不知所措，我静下心来对那学生说："你是个小伙子，我比你大十八岁呀，你怎么能会有这个想法哪？你年轻有好多漂亮小姑娘在等你。"可那小伙子说道："她们没有你有才华，你在我心里是最完美的，才貌双全，看上去您也就是二十七八岁的样子。她们比不上您的，对不起老师，今天冒犯您了请原谅！"其实他如果没有今天的举动，我也为我有一个好学生感到骄傲，从那天以后我们的关系慢慢起了变化，那年轻大学生在默默爱着我，可我丈夫这边冷落我，使我忧伤的心在流着泪，夜里望着把自己裹起来鼾睡的爱人，我有时真想委屈地向那个学生倾诉，可到了白天见到了那个爱我的学生就是又一种感觉，就拿起一个老师清高的气度，我那段日子里思绪在激烈地斗争着寝食不安。一天在我给那位学生上素描课，我在给他总结他的画法线条出现弧度应该怎样避免做示范的时候，无意中我的手碰到了那位学生的手，那个学生急促地拉了我的手亲吻一下，这时我也不知怎么了情不自禁地也拉住他的手，那学生当时看得出无法控制自己的感情，紧接着他亲吻着我，我不自觉地顺从着他，我已好久没有这种感觉了，也好久没被爱人这样亲吻过了，我当时感到很幸福，可当我们正冲动地互相需要对方的时候，那一刻我突然间猛醒过来，理智地推开了那学生冷静了下来。我用手抚摸着我学生的头顶安抚道："我们不能这样。"我的心跳加快在紧张在忏悔，我在后怕如果我不及时控制自己，将会是不可想象的后果。我那颗清高清莲的灵魂将被玷污，我当时战胜了生理上的欲望是我终生的欣慰，我告诉那大学生不要再来了，我们不能这样发展下去，这是决不可以的。那学生说："老师你爱人对你好吗？如果不好我带你去南方，咱们走！"我又恢复一个老师自尊的威严，戴上了老师的面具抑制了人的自然本能的欲望，挽回了自己清高的形象。我一本正经地向那学生讲着人生的信念，说这样做对一个君子来讲，品德和道义上是不可违的。我平静的心紧张地跳动着，脸上却显露出平和的表情说道："平心而论其实我也喜欢你，只不过是喜欢一个好学生的心态，你别误解，你还年轻不懂人生，你也并不懂什么是爱情，你的路还很长以后你会懂的。还有我有丈夫我爱我的丈夫，不能做对不起他的事。最重要的是，做人要自尊自爱要考虑全面的现实问题，要三思而后行，要考虑后果和责任，"我讲道："我有十几年没接触社会了，也不知道你们现在的年轻人，是怎么样的思想观念等等。"我们的最后一次谈话使得那学生心服口服，礼貌地用更加敬佩的目光面对着我，他用手捋了捋头发，整理了一下他的画板深深向我鞠躬道着歉，让我多保重，礼貌地走出了画室。从那以后那个学生只是礼貌地打过几次电话问候我的身体状况再也没了消息。这瞬间即逝的情感终于让我那清高自尊的心赶走了烦恼。其实我心里深深地爱着自己的丈夫，这次冲动差一点儿引来后患，但我不是自愿的是人本能的需要，从那以后每当丈夫冷落我的时候，我情不自禁地偶尔也会想起来他，当我想起丈夫对我的冷漠的样子时在心里好像有些不平衡的感觉，心想要不是自尊心战胜了欲望，我可能会在心里有个平衡感，我真应该那次报复一下丈夫。我马上又冷静收回了那可怕的想法，我决不能乱了心境，不能侮辱自己。自从我在中学课本里读过朱自清的散文《爱莲说》，"莲"这水中之芙蓉在作者笔下的"出淤泥而不染，濯清涟而不妖"的品格深深和我那年轻的心灵相融相伴，为此我酷爱莲花，我刚起步画国画的时候，就是从画莲花起步，我临摹了从古到今的老画家不同风格的莲花，我画室卖掉的时候就撕掉两麻袋画莲花的习作。我常常把自己作为远山边小河中的清莲，自我静观着欣赏着，在品德上严格要求着自己。每当我想起来那冲动的时刻，总是有些后怕和愧疚感，如果不理智的话我不敢设想。我后怕到方方面面，一方面身体不好，心中的烦恼忧虑病情会加重，再一方面自己的人生计划就会变成泡影，同时一切烦恼都会降临，也就会造成和丈夫离婚的后果。孩子以后又会有多大影响哪？我会幸福吗？事业会前功尽弃等等，我不敢再想下去了。我自己庆幸自己的理智和果断战胜了生理上的欲望，我感到佩服自己保持了"出淤泥而不染，濯清涟而不妖"的莲花品格，经过了一场君子风度的考验，我这段人生情感插曲就这样过去了。在这以后丈夫还是那样忙碌，有时候丈夫累的没有心情理会我，可我清楚地懂得安慰自我的方式那就是拼命的创作解脱着心中的苦闷和孤独，用刻苦的耕耘换来喜悦的收获。只有创作出更好的作品才是我人生最好的安慰，最理想的收获，我就是用这种方式在病魔的磨难中，在孤独的日子里保持着那颗清高、自尊、自爱、纯净的心态和清莲的品格。人生如梦我战胜了自我，我的那颗心又沉醉于绘画研究和创作之中，不断自修全方位的文化素养，如痴如醉地忘我追寻着心中那属于自我的独到绘画风格。

第十二章

上下求索（一）

　　1987年初春的一天，我去省美术馆看画展的时候，听说有个东北三省画展要在深圳和香港展出的消息，不过是很不容易被入选的，没有相当高的水准是不会有希望的。我听到以后寻问了省美术家协会的人是否有此事，要求及收作品时间。那美协的工作人员以疑惑的目光望着我，从他的目光里和那轻视的表情中，看得出他在想：你问这些与你何干？我沉思着走出了画廊。我走在回家的路上缓慢的脚步随着思维起伏着，我觉着自己有这个潜力，脑子里翻腾起创作的欲望，脚步随着翻腾的激情在自然加快，回到家我就开始翻资料找灵感，冷静思考了两天，我觉得画展是要代表东北三省的，首先必须要有我们北方的特点的题材，创作不出有特点高水准的作品是没有希望入选的，于是我思考设计了很多，又向邻居的老人们寻问探访了东北有什么代表性的花卉，我请教了几位老人他们说北方有达子香，这花过去叫这个名字，达子的意思是代表北方少数民族，过去老人管北方人都叫达子，那花现在叫杜鹃，这种花哈尔滨市里没有，在山石砬子上开，吉林省山上的石砬子长的多四五月份开花，我问清楚后心里顿时兴奋起来，感到有了目标和希望。现在正是四月份达子香花开放的季节，我充满了信心决定去写生，争取能发挥出我潜在的创作水平。我决意已定，可是和爱人讲述了要去写生的想法后，爱人几天不高兴冷个脸说道："养病画着玩得了，折腾什么，想得简单到了那你就知道了，荒无人烟的大山里，就你在家里活动多了身体都吃不消，在市里都走不多远就要休息，你一个女人拖个病身体，你呀，不要命了是不是？想个啥是个啥。"虽说丈夫气得像雄狮般吼着我，可我没太生气，我知道丈夫是关心我爱护我。我也知道自己这糟糕的身体没把握去。可当时任性倔强的我还是毫不犹豫地毅然决然地要去拼搏去闯一闯。我认准的觉得正确的事从来是不到达目的不罢休的。不然我不甘心，我要完成自己的心愿，那时候我家离火车站也近，所以我决定偷偷地去，为了能当天赶回来不让爱人着急挂念，倔强的我半夜里悄悄爬了起来给丈夫留了张纸条，轻轻地带好干粮、药、水、画板，拖着虚弱的身体独自在黑夜里踏上开往吉林的火车。我倚靠在木板凳上，没睡醒的我多想再睡上一会儿可怎么也睡不着，心里七上八下的，也不知道自己这次冒险出来会发生什么事。本来丈夫就不同意，担心我不放心我的身体，自己却偷偷溜了出来，丈夫非气的急坏了不可，那个小站是什么样，会遇到什么样的困难等等，想象着一切困境的状况，想着想着有些紧张害怕感到孤独，轰轰隆隆摇动的火车虽说是坐着倚靠着，可我那病弱的身体还是感到颠簸，感到很累昏昏沉沉地睡着了。四个多小时过去了，天也有些蒙蒙亮了，我听到广播里在报站名，这时候我看了看表快到五个小时了，我终于听到"四平车站快到了，请下车的做好准备"，我忙从座位上起身，来到车门前等候着。从没一个人出过远门，没一个人坐过火车的我，生怕被拉过站，火车终于缓慢地停了下来，当我一下了火车就傻了眼，心不由自主紧张得浑身发冷汗，我茫然地看了看四周心里感到有些恐惧，天哪！这是哪里？是什么小站连个站台都没有，让爱人说中了，是个荒野凄凉可怕没有几户人家的荒野，抬头望去只见远处有几间没有炊烟，低矮的土坯草房不像是有人住的，一条高低不平杂草横生崎岖的羊肠小道通向远山。我愣了片刻，冷静地整理了一下紧张的心绪，自己告诫自己要坚强，既然来了就不能犹豫一定要克服任何想象不到的困难去完成自己的心愿。当时我想哪怕爬我也要爬到山上，看到那达子香花。我怕我当天赶不回去，在这荒凉没有人家的野外，我意识到要抓紧时间。向来不记道的我只能硬着头皮撑着自己，给自己壮着胆，仔细观看了四周的地形和特点，用脑子认真记了记。我站在那一望无际荒凉没有站台的野地边上，好一会儿才看见有一个人在远处走着，我紧跑了几步赶了上去，寻问了有达子香花的山怎么走，那位六十多岁衣着破旧花白头发的老头眯起眼手一指远方："那！"我顺着老人指的方向望去，模糊不清的像海市蜃楼般的远山说着："一直走二十多里路吧！"我听了浑身差一点儿瘫软在地，无奈的我知道时间是不等人的，鼓起了勇气顺着老人指点的方向，踏上那高低不平荒凉荆棘的荒野羊肠小道。我生怕找不回来沿着直线一直往前走着。北方的初春风特别大，尤其是这荒凉无人烟的空旷山沟。当时那天风刮的有七八级，风刮起来的泥沙枯叶和小树枝打在脸上，让人难以睁开眼睛。有时候我只能背过脸去倒着走一会儿，躲避着正面吹得让人透不过气来的大风。我壮着胆子走了两个多小时，只看到过三四个农民的身影，有时候连一只野狗的影子都看不见，我那病弱的身体时常累得瘫软的坐在了草地上歇息一会儿，喝上几口水，吃上药，累得我只想躺下,可我咬着牙不敢多坐,怕躺下就爬不起来,硬是撑着站起身来,抹去脸上的泥土拢了拢挡眼睛的头发,生怕走错了方向,时常望望前后的方向抖了抖身上的泥土,望着那走了两个多小时才看清的远山我吃力地往前走着。一阵大风过后天阴了下来,下起了小雨,泥泞的黄泥荒草的小道,走两步又滑回了一步,就这样又艰难地走了一个多小时的山路,虽说雨停了下来风小了许多,可泥泞的路走起来更加艰难。没有经验没带雨具的我全身都淋湿了,衣服似乎贴在了身上,我艰难地跋涉着时常得抹一把脸上的雨水,在心里告诫自己要坚持再坚持,胜利就在眼前。我想如果倒下去死到这里都不会有人知道。心想我决不能倒下,这时候雨似乎停了下来,我艰难疲惫地又走了一个多小时,终于来到了我拼命要看到的那达子香花的山脚下,这时候风已吹干了贴在身上的衣服,我精疲力竭地倒在了那山根下的石头上,躺在山脚下全身放松,大口吸着雨后新鲜泥土的芳香。我看了看手表,考虑着时间的计划。那时候已经是十点三十分了,我休息了十五分钟,在那块石头上就着咸菜吃了口馒头,喝了几口水把药吃了,浑身酸痛无力的我吃力地站起身来,振作了一会儿精神,起身在石头后边小便后望着那石山,听着下过小雨后泥石滑坡的声响,我从心里感到孤独和恐惧,一阵心酸我趴在山石上大哭了一场,发泄着心中的酸楚。即使那样我当时也没有一点的悔意,现在我想起来都有些佩服自己。当时我心中在呐喊着老天哪菩萨呀你帮帮我!可我又很快冷静了下来,自己知道没有什么神仙和皇帝一切要靠我自己,心想别说是神仙皇帝老子,就连一个狗的影子都没有,我深深地叹了口气,擦去泪花整理整理衣裤,奔着那山上大风呼啸晃动着的达子香花,用全身的力气努力向上攀登着。因为山石滑,几次登到半山腰的时候滑落了下来,还好有惊无险每次都没出事,我终于艰难地登上了山顶,那小树长在石头缝隙上,高倒不是很高也就是有一米左右,可山风大,我刚刚夹好画纸风刮得画纸卷了起来,我站在山石上,山顶大风毫不留情地几次差一点儿把我刮得站都站不稳,我看了看手表觉着时间来不及风又大,山上根本画不了。我怕天黑赶不回去,灵机一动心里跳出来一个好主意,把小树带回家研究去。我观察了山头的达子香花,风吹的时候什么姿态,它们生长的环境是个什么样子,然后我选了一棵有研究价值的小树,树上边有开放的有含苞欲放有叶的小树，便毫不犹豫地弯下腰，用手急促地抠着石头上的泥土，一会儿手也破了指甲里都是泥土，胀得生疼，我费尽心机找来小石子，一点一点吃力地抠着树根的土。总算把那小树根抠了出来，当时我腰酸背痛慢慢起身活动着全身，心里有一种那说不出来的激动和胜利的感觉。真是永生难忘。那时候时间已经有一点多了，我意识到必须下山往回赶路了，我背起画夹一手扛着那棵树，在心里祈祷菩萨保佑要千万注意安全，小心小心再小心，老人们说上山容易下上难，下过雨下山就更艰难，我紧张地提着心，一手抱着那棵小树背着画板，一手小心翼翼慢慢地出溜着往下滑着，小心地迈着步子，没下几步脚下一滑，吓得我急忙后背紧靠在山石上，瞬间我一只手抓住旁边石缝里的小草，还好没掉下去有惊无险。就这样有惊无险的状况几次都过去了，我嘴里念着阿弥陀佛，心似乎缩成一团，浑身紧缩着的毛孔流出了汗水，艰难地到了山脚下，总算有了放下心来的感觉松了一口气，我那颗提着的心总算平稳了许多。我看了看时间快下午两点多了，意识到得赶快赶路，不然赶不上火车回不去了，这荒山野岭的没个人家，我想都不敢想下去，我也不知道哪来的精神和力量跌跌撞撞地在那荒野的征途中拼着命地往回赶，心里一门心思，想快走不然赶不上火车后果无法想象。我就这样深一脚浅一脚地像疯了似的，一路小跑只用了两小时四十分钟来到了那看不到人烟所谓的四平小站，还没等喘匀气只见火车头吐着白烟行驶过来，我背着画夹扛上那棵小树，蓬头垢面哆里哆嗦的，像个逃难的精神不正常似的，总算上了火车。我仿佛到了家的感觉一块石头落了地。车上坐满了人没有座位，我又怕拿的那棵小树给别人添麻烦，累得我顾不得许多，抱着那棵树来到过道门那里靠着厕所坐了下来。人们那诧异的目光投了过来，看我那满身的泥土，乱成草窝的长发，那疲惫不堪的样子，有人叹息着和坐在他边上的人说道：这人是怎么了？有一个人又自语道：真可怜。有个热心人给我让座位，我无力地坐在地上，客气地道一声："多谢了，不用我在这还好，拿了棵小树不方便，省得给你们添麻烦了，谢谢。"人们一听我说话知道我不是疯子傻子，又有一个人看见我的画板自语道："哦，是个写生的女画痴呀，少见！"看他不理解的哭笑不得的表情和态度在议论着什么，我也在哭笑不得的感觉中闭目休息喘息着。

疲惫不堪的我没心思顾许多，坐在那里不一会儿就抱着那棵小树睡着了。颠簸的火车，并没影响坐在地上那极度疲劳困倦的我，快到终点哈尔滨站了，人们往外走动，火车进站猛然一停的时候我才醒，这一大觉醒来去掉了我一半的疲劳。我急忙站起来给下车的人们腾出道来，我背包的又抱着那棵小树急忙先来到门口下了车，这时候已到了傍晚八点多了，天色已暗了下来，我出了站无力地深一脚浅一脚地往家里赶路，浑身像散了架子全身麻木疲惫不堪，自己鼓励自己要坚持就要到家了，一切都会好起来的。我顾不得自己是什么形象了，我那满身满脸的泥土和沾有枯叶和泥沙的乱发，背上背着画夹，肩上扛着一棵快要死的小树，我拖着沉重的脚步好象四周无人的样子，走往那回家繁华的街道上，众多人的目光投来，不同的表情看着我，有人躲着我让着路，有人在说："那人，人不人鬼不鬼，疯不疯傻不傻的样子，让人难以捉摸，让人哭笑不得的形象。"那时我听到了也早已没有了任何感觉了，早已麻木的我心里只有一个念头，只想着两个字"回家"。我好像到了极限,吃奶的力气都使上了，两条腿硬邦邦麻木得像个机器人，就差爬行了，如梦游般终于到了家的楼门，爱人在那里焦急得来回踱着步等候着，一看到我这个狼狈不堪的样子，他那表情难以形容，一下子把我手中的一切都接了过去说了一句："你真行，急死我了！"一进屋，又饿又累疲惫不堪的我，第一件事还是没忘了把那棵小树，用一桶水泡了起来，我东倒西歪地把泥巴衣服脱掉随手扔在地上，顾不得说话洗脸了，一头倒在床上，丈夫叫我起来吃饭都没有了反应就是昏睡。当丈夫再次叫醒我的时候，已是第二天的清晨，我浑身无力酸痛，强咬牙起来吃了一口饭，简单洗漱了一下，又倒在床上昏睡了过去，这一睡就是两天，这三天里我只吃了两顿饭，第四天我有了点精神，自我感觉还好心里暗自庆幸没有病倒没感冒，心想这就是万幸，心里有一种胜利的感觉，更增强了自信心，暗自庆幸着我又赢了一步。我爬起来又开始研究达子香树的生长特点和构造，花是几个瓣，由什么样颜色组成，含苞欲放的花是什么样子，花的大小长的距离密度叶子的形状与颜色的组成等等，就这样研究了两天以后，我把四尺长的国画生宣纸两张接起来铺在地上，观看着纸面的空间开始搞创作。用心在纸上先画出研究出构图，山石画到什么位置，达子香花和树的画法和构图，树生长在山崖上的位置，我想北方的山风特别大，无论是画花还是画树枝都要有动感才有真实性，把画画活了才有特点，就这样我投入到疯狂的创作之中，那天在山顶上的情景在眼前和脑海里晃动着激发着我创作灵感。就这样我创作了七天，画了几十幅作品堆成了个小山，终于创作出自己比较满意的一幅作品来，我松了口气，无力地四脚朝天地躺在了地上，心想这下可以放松地休息片刻，我望着那雪白的屋顶，感到浑身就没有好受的地方，一个字累。可我控制不了的大脑又开始做上了总结，心里担心这作品是否能过关，不过我觉着我已经尽全力了，有一笔败笔在我眼里整个作品就通通作废，要重新开始，想起从写生的艰辛到刚刚落笔的酸苦，一下涌上心头，爱哭的我泪水又自然地流了下来。片刻间我又收敛了情绪，急忙赶到裱画师那里去装裱，可一问装裱画费用，要得太高，要花上上百元，我一听吓坏了真的装裱不起。我又拿了回来，可一想不裱好怎么能拿去参展呢？我反复考虑着办法，一狠心决定自己来裱，可没有那么大的装裱画的案子怎么办？我思索了片刻想到了三姐厂里是服装厂，厂里会有案子的，于是我来到了服装厂向三姐的领导说明了来意，厂里领导听说后大力支持，在车间里倒出了一块十米长的案子，供我使用。我那张画是八尺长一个人裱起来困难很大，尤其我那身体状况，因为中国画的宣纸软又薄得透明，再加上打上浆糊湿透以后再粘上，再拿起来翻过去的过程就得粘上两三层，我从来没装裱过这么大的画，也没有经验紧张的我时刻轻轻地拿起这边，那边粘在一起，还到处打起了褶。我焦急得哭的心都有，因为这画凝聚了我多少的心血和心酸，寄托着我的希望。我提心吊胆，小心翼翼，高度集中精力不得马虎一点的把那张八尺长的画装裱在了案子上。我那虚弱的身体累得我满身流淌的汗水溻湿了衣服，头发都湿透了像刚洗过似的，我松了口气，无力地躺在了案子上睡着了，姐姐过来看我疲惫不堪的样子，没舍得叫我轻轻地给我盖上件衣服。当我一觉醒来天已经黑了下来，我望着那张两米多的大画，在心里祈祷着千万别出问题别裂开别崩裂。为了那画不出问题，我守候在车间里七天七夜没离开，一会儿喷上点水，一会看看有没有裂缝裂纹的，七天过后我的画终于没出什么大的问题裱成功了。我送到省美术馆报名交作品时，刚走在省美协的楼梯上，耳边就听到那些守在门口的服务人员，有人在小声议论这次是全国大展东北三省才选拔七八幅作品，一般的专业画家都没戏，她胆识过人也敢来送作品来。我知道是在说自己，我心里没觉得有什么不可以，尝试一下这并不是什么丢人的事，虽说是这样想，我心里好像没了底，同时自己瞬间又鼓足勇气，心想不努力尝试怎么会知道是否有希望呢？我把作品交了上去。当那位收作品的老师打开画看了又看的时候，我的心跟着他眼神咚咚地跳，紧张地看着那位老师全神贯注地等着他的判决，只见他用疑惑的目光看了看我，把画卷好放到了箱子里，这下我的心才放松下来，过了这第一关。可我焦急地等了半个月没了消息，心里着急的在想是死是活给个信儿呀？可我再急也不敢去美协问，一是紧张二是怕听到那没录取这三个字。虽说做两手准备只是试一试考验一下自己的水准罢了，可还是从内心里想能入选为好，又过了几天还是没消息，我心平静下来觉得没戏了，不可能入选了，我在心里自己劝自己，安慰自己就当锻炼了，考验毅力了。自我总结到这个艰辛的过程，还是有收获的，我调解好心态和往日一样搞着绘画研究。正当我忘掉此事的时候，一个电话铃响了起来：是美协通知我去领取入选证书，我感到惊喜放下电话，就一路小跑地来到了省美术馆领取了证书，当我这次走进美协的走廊的时候，那几个服务员老远的就向我打着招呼："来了，祝贺你！"有的说："你真了不起，专业画家好多都没选上，你入选了，你知道吗？这次画展是在香港、深圳等地展出！"那几个女服务员围着我说个不休，我道几声多谢几位

1987年在松花江畔

的关心告辞后，拿着证书走在回家的路上，心绪又是甜又是酸又是苦。我想起去写生的情景心里在想：苦不白吃没白拼搏，老话说功夫不负有心人。我又一次品尝到了有一份刻苦的耕耘，便有一份收获的幸福，那是1987年秋，我的作品《塞北之春》和入选的几位东北三省专业画家的作品，一同飞往深圳和香港展出，受到国内外友人的好评。

　　1987至1989年，那几年我的作品常常在省市报上刊登发表，并多次被入选省内外展览。1987年秋我被批准为中国美术家协会黑龙江省分会的会员。这时候我更加认识到要全方位地充实自己的文化修养，更要刻苦钻研从古到今中国画笔墨技法的研究，打进去还要带着收获跳出来，形成个人的风格才是我的目标。那时我的身体状况有些好转，可我这从死亡线上挣扎过来的人更是珍惜每一寸时光，我更加努力地去创作，当我创作到痴迷的时候，家里三十几平方米的房间让我占据了一大半，我感到家里这仅有的三十几平方米去了厨房空间越来越来小了，每天看丈夫快下班了，我还得急忙收拾起来，就这样空间显得越来越不够用，我在心里好想能有一个属于自己的画室，那时候我想这只不过是天方夜谭罢了。可真的没想到上天好像知道了我的心愿和需要，第二年我丈夫调到了房地产部门工作，又给了一套大房子搬了家。这边的房子便如愿地做了我的画室。丈夫也很支持我，按我的需要在墙壁上做了许多可以挂画的木框，我高兴地在心里暗自感谢着丈夫。这是我一生中感到又幸运又幸福的事，我有了自己的画室。从此我更加如痴如醉地埋藏在那方寸之地的静土之中，刻苦地拼搏着。

1988年带学生写生

第十三章

上下求索（二）

　　虽然有了点滴收获的我，深深明白那只不过是我再接再厉的奠基石，并没打乱我那默默求索的心态，我的心和那根创作的神经又紧缩起来走向新的起点。我认识到我更加需要的是要充实自己，不断提高文化素质和文化修养，我想学习西方油画的绘画技法，打进西方油画的艺术风格，来互相促进绘画创作水准，我想世界文化艺术性是相通的，只有这样才会使自己艺术灵感境界，达到更高的水准，只有这样不断地去求索才能有更大的文化源泉，我渴望再上大学去学习。我拿定主意去考大学，这个想法向爱人谈了，爱人还是老态度，还是那句老话，还是那冷冰冰的面孔说道："就你那身体好好养病得了，你在家怎么都好，累了可以休息一会儿，去上大学你当是开玩笑哪，得要天天去上学，在课堂上一切要听老师的，你那身体吃得消吗？"我知道他说的并无道理，这个理由是事实，我的丈夫爱我的方式总是这个态度，我也逐渐习惯了许多，可我那时候总是以怀疑的态度去想问题。我想我的死活他不会太在意的，最重要的是我要接触外界多了有了更大的发展是他不愿意接受的，现在我想起来虽然觉得丈夫的确有点此意，可大部分都是真的关心爱护我的，只不过方式和态度不同罢了，其实我也有些偏激，有着一朝让蛇咬十年怕井绳的心态。当时我不听丈夫的话，整天由着性子来折腾，病情总是反反复复，身体实际情况是勉强自理活着的状态。那时候因为每当我在事业上每走一步，我的丈夫都是反对都要吵架，都要受到他的压制，因此我心里总把丈夫想得很坏，我坎坷的命运使我改变了懦弱的性格，变得特有个性不相信任何人只相信自己，我认准的事，总是一意孤行倔强任性说一不二，说明天去写生定下来的事就是下刀子也不改变，在我的影响下我的学生也是这样。那时候我每次遭到爱人的反对，我从心里恨他，不假思索地没把他的意见当成好意，我脑子里总认为丈夫在压制我，我从小到大就是个逆来顺受懦弱的"小尾巴"。可在我三十年前的坎坷命运里，使我懂得为了改变命运决不能没有自己的个性，无论在家在社会上要靠我自己，人往高处走水往低处流，这是天经地义的，在中国几千年孔子的影响下男尊女卑，三从四德，贤妻良母的思想一直没有多少改变，做人难做女人就更难，男人你要比他强了，他嘴不说心里不平衡，总之，在这个世界上，我清楚地认识到自己人生应该怎样去做，怎么样活出个样儿来。

　　在1990年初春，我默默地开始复习文化课。由于家庭和身体状况的问题我找了一所离家很近的教育学院报了名。因为我心里明白自己是什么状况下去上学，我很难，我为了能更好的学习减少和丈夫不必要的争吵，身体状况又不好要比正常的人需要付出的更多更多，必须要把家里的生活安排好，不让爱人挑出毛病，为了孩子为了这个家我要去上学，就要更艰难地克服更多的困难，付出更多的苦和累，我的心在悄悄地流着泪，我经过刻苦的努力学习，在当年考上了教育学院美术系。可是我知道还有多少困难在等着我，当丈夫知道我考上大学要去学习后，他气得脸不是颜色地说一句："你想干什么就干什么，不把我放在眼里！"就这样我们一连几天没说上几句话。

和教育学院美术系同学写生

　　我在绘画道路上为了求索为了更好地拼搏，带着重重困难又一次走进了我那没有读够的大学门槛。我仿佛又回到了年轻的时代，虽然心里压抑着沉沉的几座大山的愁绪，和同学们在一起的时候虽说我很少讲话，可有同学们在一起倾听同学们的谈笑风生总还不是那么孤独，我艰难坚持不懈地努力去上课，上理论课的时候还好一点，当上油画课的时候我就艰难多了，我举起胳膊每画上一笔都是很吃力，常常胳膊不由己无力地自动掉了下来，想抬也抬不起来，休息好一会儿我才能慢慢抬起胳膊继续坚持画下去，就这样我艰难地完成着每一堂课，从没落过课。说实在的那几年的学习太艰难了，病魔、爱人、家庭琐碎事没让我轻松过，我艰难地忍受着这一切，珍惜每一堂课的学习，认真地虚心学习各门课程，回家还要提心吊胆地怕爱人找毛病吵架，一次下课晚了我为了早一点回家做饭，坐一位顺道的男同学的自行

1992年和临摹的世界名画《打破了的瓦罐》合影

143

车回来了，正好让丈夫下班看到了，我一回家就受到丈夫的谴责，两个人又吵了起来，我已无精力再吵架了，我向丈夫解释了理由，就这样才算平息了下来。后来有一年夏天，我买了一件出口转内销的乳白色很艺术的纱料上衣穿着去上学，丈夫看到了不是好气地用手提了提我的衣袖讽刺地说道："你穿得挺漂亮呀！"我心里明白他那是在挖苦我，我早已习惯了丈夫那容不得我穿戴自由的样子，回想起自嫁给他那天起，丈夫从来就是不高兴我穿戴烫头和简单的修饰。我呀活得太辛苦太累了。我的丈夫爱我的方式太古怪太自私了，我如果不像样子，他那边嘴里不说心里瞧不起的样子表露出来，不愿意让我露面，穿的稍微修饰一下哪又受到丈夫的冷嘲热讽，我活得不容易。我的命呀像泡在了苦涩的河里，从小到大都在受着不公平的待遇，我不知道为什么苍天用这种方式来这样厚爱我，未免有些太残酷些。我要活出个自我来，我不信命我要自强自力，在心灵深处的眼泪中默默挑战着人生，我要用呐喊的力量劈开我的人生之路。

我多年默默地顽强拼搏向上的品行在女儿心灵上刻上了深深的烙印，无意中树立了好的形象。女儿在小学的作文中写的《我的妈妈》一文被评为一等奖，我的女儿在学习上不用操心，自己自然去刻苦努力学习，顺利地考上省重点高中，后来又考上北京北航大学计算机系读了研究生。我的女儿琴棋书画品学兼优全面发展，是我作品中的杰作。

1993年的一天，我接到了浙江美术学院的教授来的一封信，说他那里要招收几名国画花鸟画的研究生，问我是否试一试，说我是有希望的。这信让丈夫看到后还是老样子怒气冲冲地说："你没完了？念什么念有什么用，能怎么的？"老样子甩手关门走人，一向好强的我思考了很久，决定为了女儿永远有一个完整的家，还是放弃去读研的想法，因为如果去读研究生，一去就得四年这个家非得散了不可。那几天我思考了许多，我想人生最完美的成功是事业家庭都有理想的收获，我决定不去考研。我为了维持丈夫那几分忘不掉的感情为了这个家为了女儿，我努力去完美自己完善这个家，我深感自己太累了，有时候真想死去休息一下，仿佛自己微微松口气就要倒下，很容易地就会离开人世，告别人生，我总是在告诫自己我不能倒下去。我要活得更完美更理想。我的病情随着季节随着劳累和心情的忧郁时好时坏的，每当我上油画课的时候，我又是兴奋又是苦恼，因为我的身体实在太糟糕，油画是在画架上的画板上画，需要每一笔都要抬高胳膊去一笔一笔完成，我每画上几笔就累得胳膊无力地掉了下来，因为我的肺结核病已是空洞多处，尤其到了换季节的日子更加严重，浑身无力再加上心情不好，我真的活得很难很累。就是这样我还是坚持上课没缺过课，尽管我画两笔停一会儿再画，我还是以顽强的毅力艰难战胜着疾病、战胜自我去完成着我的课时，认真研究着西洋绘画技法大胆的用色，研究着怎样体现光线立体感观的技法，后来当我的老师刘教授看到我绘画艰难困苦的样子，了解我的病情以后亲切谦虚地对我说："我们都是平等的，我油画是你的老师，你国画是我的老师，所以你不要拘束，身体不好就休息两天。"当我听到这样的话语时，又感动又感谢，更加敬慕那位刘教授，从心里感到欣慰的我向老师表示谢意，虽说教授如此谦虚关心敬重我，我知道自己的分量和资历，沉默寡言的我要求自己更加严格更加刻苦地去学习，一次班级搞毕业创作要求到外地去写生，不能去的可以在本地写生。我们剩下的十几位学生，老师领着去了江北。那是初秋的一天，北方的初秋是很冷的，尤其是江边的江风很凉，画一会儿手就有些麻木得不听使唤，手指发硬我本来已经画了一张作品，完全可以不用再画了，可好强的我又换了个地方，又另起了张画稿。这时候天上下起了小雨，我的手又冷又累麻木得不好使了，可这时候又没有了画色，我轻轻揉了揉手打开新的一管颜料用锥子撬开颜料的开口，劲儿使过了头，一锥子下去刺穿了，锥子尖带着油画颜料从手指肚中间穿过，鲜血急促地涌出来，麻木的手指一会儿就疼痛难忍，在那偏僻的江北那边没有什么医院，我顾不得许多用手纸握住，望不远处有一个房子奔跑了过去，那是个单位人还不错，我敲开门当说明来意，看到还在滴血的手指，那位同志急忙帮我用凉水冲洗干净，找了一块手绢撕下一条扎好。这种条件只能这样了，我道一声多谢了又回到写生的地方，忍着疼痛继续画了起来，后来回到家里去医院看，医生给切割开用手术刀刮里边的颜色，因为时间的耽搁已被吸进血肉里了没办法再刮净就缝合上了，到现在我的手指上还留下了刮不去的油画色至今留下了伤疤。我经过三年顽强的努力学习各科取得了满意的成绩，我在毕业考试的作文中简略地把自己的坎坷命运表现在文章里，那位语文教授是一位有名作家，看了我的作文深受感动，在毕业总结的课堂上含蓄地谈了我的故事，我的文章受到教授的好评，我顺利地通过了答辩。我终于带着病弱的身体受着爱人的谴责，克服了种种困难完成了学业，圆了我上大学的梦。

1995年女儿考上北京航空航天大学计算机系

　　我毕业两年以后，我的女儿以优异的成绩考上了北京大学北航计算机系，从此我搞创作的精力更多了些，我心里一直为不能考研究生而耿耿于怀，我在心里暗下决心要自学成才，我想书本和大自然的万物是我最好的老师，从此我奋力忘我拼搏着。那几年我的病也有了好转。好强的我这个"小尾巴"为了丈夫能不反对我痴迷地去创作，能干的家务都尽力去做了，可丈夫呢，从孩子上大学以后能不做的都不做了，家庭观念就更少了。我丈夫自从设计院调到了市政房地产开发工作，整天忙到很晚才回家，这样以来我们夫妻各忙各的感情更淡薄了，我爱人眼里心上好像没有了这个家，心里好像没有了我，就这样我除了科学地料理好家务，注意有规律地清晨锻炼身体，呼吸一些新鲜空气以外，自己几乎与世隔绝地把全部精力投入到创作之中，我感到我的一生只有这样过才能更好，因为我认为艺术是世界上最真诚的朋友和知音。有一分耕耘就会有一份收获，全身心地去投入会忘掉一切烦恼，孤独会保持着心静状态才能潜心研究出些好的东西来，才能发展自身价值，保持自身的清高的品格。就是为了保持这些，我过着半隐居的生活忍受着不接触外界，不接触亲朋好友的孤独岁月，我本来是位热爱生活多才多艺善良活泼的女人。人是高级动物，无论什么人再有着沉重的思绪，再有着坎坷命运的任何男人女人们，只要活着就会有七情六欲，这是自然规律是谁也无法否认的。我能战胜自我耐住寂寞，是我把全部的精力痴迷地投入到绘画的研究和创作当中，除了去写生以外，一画就是十年八载的我，是常人难以想象的。那时候当我觉得丈夫对我冷漠的时候，我感到孤独寂寞的时候，觉得自己有些傻，有时候我累得真的好想死掉，去休息两年再活过来多好，我那孤独的心里有时候也冒出来私欲的念头，每当这些念头刚露头，很快就被我那自爱清高的个性打消到九霄云外，我为了保持那份纯洁自尊的心境，为了追寻那高品位的艺术绘画的风格，忘我地上下求索着，紧绷着的那根脑神经，只剩下研究创作、再创作的理念，每天迎着明天的太阳奋力耕耘着今天。

第十四章

上下求索（三）

八年过去，我在这方寸之地的净土里，每天来到这小小画室拍拍那跟随我多年的旧录像机说一句"朋友我来了"，便打开那十来年没换过我最喜欢的名曲《梁祝》我的最爱，倾听着那悠扬迷人的乐曲，把我的思绪带入那美妙的创作当中。就这样周而复始年复一年，我默默地耕耘着得到了一定的收获。一天我接到了一封从香港寄来的信函，希望我能否赐一幅作品参加画集的出版。我决定寄去一幅作品，可当我回过头来看自己作品的时候，突然灵感的瞬间觉得没有一幅满意的。我决定要创作出更高水准具有独道的个人风格的作品为好，我多年刻苦钻研古今中外的绘画技法，个人全方位的休养素质在不断提高，从灵感中悟到一个微妙的道理：高品位的艺术虚则是实实则是虚。我悟出了新的突破，开始追寻求索着个人风格的方向，那就是我的"意神魂"的绘画风格，我悟出多年来追寻的"意神魂"高品味的真谛。有了个人绘画风格更高求索目标，我那满脑子里的创作，日夜难以控制的那根创作神经开始了新的里程碑的奋斗。

虽说在自己多年多方位文化艺术修养的灵感中悟出了个人风格的目标，可要想在原有的风格里跳出来就难了，这就要看我多年来的文学修养与人品修养，琴棋书画全方位素质修养的体现，在创作中发挥的如何了。我准备给香港的来函寄去一幅新风格的作品参加画集竞选，我连创作了几天搞不出来理想境界的作品，白天画夜里想寻找着灵感，一天夜里两点多我一觉醒来睡不着，苦思冥想翻来覆去地在脑海里创作着，突发灵感急忙爬起来下地打开灯画了起来，那是半夜里三点多钟，我抓住灵感的瞬间一画就是十几幅，那是大写意，有一笔败笔我都放弃了重新再来。二十几幅过去，天放亮了我脸上终于露出了满意的微笑，终于创作出了第一幅满意的新风格之作。当我爱人醒来时天已经大亮，我画了一地的画。从那时起我脑海里的创作，不由自主地控制不了自己那沸腾的血液和激情，常常梦在搞创作，烧水的时候来了灵感走了神，进屋疯狂忘我地创作起来，不知道我这样把水烧过了头多少次，头脑里那根创作的神经无法控制，我不知多少次在梦里作画在创作，一次梦里梦见了老前辈齐白石老人和我一起在作画，不知多少次把水壶烧坏了，很少出门的我常常因为几年不坐车，那车的路线改了我都不知道，再不就是思考创作的意境在脑海里翻腾而坐车坐过了站。当我一进入创作的疯狂状态了也不知道是几时了，饿了便伸手抓过来几块饼干喝一口水。有时候看都不看一眼，拿过碗就喝，常常把碗里调的颜色当水喝进了肚里。有时候饼干里已充满了油画色的气味难以咽下去，没吃的了就饿着肚子。有的时候求学生帮我买来两箱快餐面，有水就泡着吃没有水就干吃进去，有时候快餐面发了霉。每当我搞不出新的满意作品的时候，我情绪烦躁不安，那个感觉是难以形容的，我想起来觉得就是设计与想象的那种风格和形象在脑海里，就是在手心里可怎么也表现不出来，那心急心烦的感觉真想捶胸顿足大哭一场才好。一般在这种情况下，我情不自禁地狠狠弹奏钢琴发疯似的发泄着自己内心的烦闷，然后又静下心来弹着曲子回想着往事调理着心态，有时候脑海里浮动着某位诗人的句子和诗篇寻找着创作灵感，有时候我画上几张油画，换换味道来调解一下不同的品味不同的色彩，来充实一下头脑。有几次创作人物少数民族人物跳舞时候的姿态，我情不自禁地一个人在屋里哼着小调找着灵感，当找到感觉的时候，那精神抖擞的劲头像盖不住的泉水急速几笔就会完成一幅理想的作品来，这可能就是艺术的最高音符，不知道的在对面楼的窗户上看到这屋里会以为是个精神病患者。有时候我自己都感到自己好笑，每天那根创作的神经如同发出的箭头，一发不可收。就这样我每天在画室与家的两点一线的路上，日复一日年复一年的。清晨满脑子要创作的设计，却忘记了自己身体的病痛，顾不得看一眼路上的行人，急不可待地往画室走去，到了那里创作起来忘记了一切，几张十几张，不达到目的不罢休，往往感觉很快到了天黑，拖着疲惫不堪无力的身体走在来往家与画室的两点一线的路上。从不修饰自己的我总是爱戴一顶小帽，我有很多各式各样的小帽，都是我自己设计编织的，艺术别致大方。当我走在路上的时候我耳边常常会听见有人在议论着我，看那个爱戴帽子的女人怪怪的总是疲惫的样子来去匆匆。我的穿着谁都说古怪不华丽，可到了我身上却显得别致舒适洒脱。其实我哪里有故意修饰自己的精力，其实我十几年没买什么衣服了，每天都很随意的穿着，有时候我在家里找来旧衣服改了改也就穿了出去，自己感觉顺眼便可以了。

　　我不断钻研着我国的诗词歌赋，提高绘画的意境，诗情画意是中国画的灵魂，我不断充实自己不断研究古今中外的技法，在不知不觉中创作出一百多幅当时比较满意的作品，我在心里有一个愿望，如果有可能的话想在省美术馆举办一次个人画展。我计划着努力着，对自己的作品要求的水准就更高更严谨了，为了早日能举办个人画展，我省吃俭用几年来很少买穿戴，这个计划是我心里的秘密，自己暗暗地准备着，可我最发愁的是钱的问题，画可以自己去努力创作，款的问题需要自己教学来慢慢存。我不想用丈夫的一分钱，好强的我知道必须自强自立，本来丈夫不愿意让我想干什么就干什么的。我出头露面，他怎么可能支持我办画展哪，我自己明白只有自己经济独立，才能有权力有把握去完成自己的理想。我的心愿只有上天知道，我紧衣缩食抓住每一寸时光锲而不舍地顽强拼搏感动了上苍。一天，两位从台湾来的国画收藏家不知道在哪里找到了我的地址，敲响了我那除了星期六有学生来敲平日里没人敲响的门。我听到敲门的声响感到意外，当我打开门又感到意外是陌生人，我有些害怕，那两位穿着讲究彬彬有礼的中年男子看出来我胆怯的样子，马上把证件拿了出来急忙自我介绍解释道："请您谅解，我们是从台湾来的同胞冒昧打扰您了，我们是来收藏中国画的，我们是在画集里看到过您的大作特此来哈尔滨找到您这里的。"这时候我感到被拒绝在门外的两位也的确不像是坏人，大着胆子把二位请进了屋里，当他们看到了满屋子是画的时候，感慨地说："我们不枉此行。"一边参观着一边和我聊了起来，客气地说道是否能卖给他们几幅作品，他们说："我们专程来大陆收藏画的，全国各地几乎跑遍了，刚从北京那里来，北京大学的几位著名老画家都去过了，他们的画几乎风格没变，新的风格没有，老的风格他们都有了，偶尔在一本画集里看到了您的风格独特新颖少见，就这样我们冒昧前来打扰请见谅！"他们看好了三幅画，便拿出了几百美金放在了桌上说："我们晚上十点多的飞机，这会儿还有时间能不能赏光想请您和您丈夫吃一顿饭？"我给丈夫打了个电话商量后说："不想麻烦二位，多谢了！"他们要求做个朋友，相互留了通信地址和家里的电话，那时天已经黑了下来，已是下午五六点钟了，那二位先生打车把我送回了家告辞了。当我回家向丈夫说明情况后，刚吃过饭已是晚间八点多了，电话铃又响了起来，没想到又是那两位台胞来的电话，他们还想买两幅作品，说来一次不容易还有两小时的时间了，希望能理解在他们迫切的请求下，我得到了丈夫的同意打车去了画室，他们看好了好几幅作品，我都没舍得卖，因为我那几张都是要办画展要用的，他们一再说："我们是台胞来一次不容易，再说我们去了好多地方，都是他们让我们买我们不想买，可您这我们要买您不想卖，您很特别！"后来那两位不客气像抢画似的在地上的废画堆里快速地拿了两张，我一看都是我败笔的作品，就说："算了，这几张画就送你们好了。"可他们还是礼貌地留下了几百美元，爱人不放心来了电话，他们才告辞急急忙忙打车赶去机场。我做梦也没想到正在我需要钱办画展的时候会有美元的支持。这可能是上天的怜惜吧！其实我很清楚这一切不是偶然的，是我在沉默下艰难拼搏的点滴收获使人们接受了我，我更加认识到只有脚踏实地去耕耘去攀登去求索才能活出个自我来，才活得更有价值。那几年我的身体状况也不断有了好转，病情虽说时好时坏，可还是好了许多，我在我人生低谷中用呐喊的精神和力量艰难困苦地爬了起来，我终于偶尔露出了我那心酸的笑容。我那倔强的个性用十几年来艰难的常人难以想象的拼搏精神向人们证实了我的努力是有收获的，我不是弱者，我没有让病魔吞掉。

我仍然过着两点一线的半隐居的日子，周而复始地搞着创作，春夏秋冬在我眼前飞驰地过了十三个年头。在一个秋季的一天里，我疲惫坐在地下整理着堆积如山的画，我无意望了望两个房间画室的空间几乎满满的，好像没有落脚的地方了，一个屋堆满了油画，一个屋堆满了国画。屋里堆积如山的画和纸还有那些坏笔杆，画秃的画笔头，还有那空墨瓶子，堆积得简直就是个废品收购站的感觉，乱作一团的书和画册堆放在书架和写字台上，能吃的不能吃的饼干和书画堆放在一起，地下几箱空纸盒子里还有几袋没吃的快餐面，里屋是国画的房间里，整个屋子的方寸之地画国画用的那两米长一米宽的案子占据了四分之一。外屋是油画的房间，油画的画箱子画架子堆放得乱七八糟，阴面的房间里很少能进来阳光，望着这一切我突然感到好像明白了什么，哦，我就是在这与世隔绝地度过了沉默的十三个春秋，如果不是那台湾同胞来了我还真没想过了有多久了，我看到不知哪年落在地下的那个小镜子随手捡了起来，仔仔细细地照着自己的脸，好久没仔细看看自己了，我看着自己那脸上眼角的皱纹憔悴的脸庞，把镜子轻轻贴在了脸上，心酸的眼泪流了下来，我慢动作地躺在了那堆积如山的废画纸堆上心潮起伏，我心灵上的那团燃烧的烈火滚动着，一幕一幕的往事浮想联翩，我在心底呐喊着告诉苍天我没死，我活过来了！我会更好地活下去的！镜子从我那泪流满面的脸颊上掉了下去。我像做了一场梦，抹去脸上的泪水振作起来，简单地把画往麻袋里装了装，收拾了一下画室，激情地创作了一幅地《路漫漫》，一幅风沙弥漫的沙漠里的两匹骆驼，在艰难地顶着逆境的恶劣环境，头都无法面对风沙，可不管怎样艰难的险阻，它们的腿依然在艰难吃力地向前方迈着坚忍不拔的脚步。这创作，画出了我自己多年来追寻艺术坚忍不拔的精神，是我在命运中较量人生的真实写照。

《路漫漫》

第十五章

飞来的天使

在那细雨蒙蒙的初秋，当我得知八十几岁的老母亲生病的消息，什么都顾不得了，穿着破旧的衣服头没梳脸没洗的急忙跑去看望母亲，在回来的时候因为车站改变地方了，我一时找不到车站，便问一位正在走路的二十来岁的女孩："三路车站怎么走？"那女孩热情地说："跟我走吧，我也坐这趟车。"我高兴地跟着那个女孩走着，也不知是想孩子了，还是觉得我看那女孩长的真有点像我的女儿。两人真的很有缘分很随和地就唠了起来，我不由自主地跟那女孩上了车，车上人不多。在车上我们挨着坐了下来又唠了起来，我也不知是缘分还是平日里没人说话的缘故，我们好像早就认识的好朋友似的聊得很亲热，那女孩听我说她长得像我女儿，又听说我女儿在北京读书，又听说我是个画画的，就主动热情地把自己的电话留给了我，又要去我的电话和地址。从来很少接触外界，也没个人说话的我，今天遇到了这个女孩，我感到有一种亲切感很开心。我十几年来从画室到家几乎就是一个人已成了习惯。丈夫从来不休息，一般忙起来回来都是很晚，这个家几乎成了他的旅馆，孩子小的时候也是各忙各的，现在孩子去北京读大学了，更是冷清的我已习惯了什么事情都是自己做。我每天满脑子里都是在思考着创作的思路和绘画风格，也没有更多的精力去考虑许多。我已十几年不接触社会，一年到头也就是兄妹打来那几个少得可怜的电话罢了。我就这样周而复始的，脑筋一根线地在沉默中抓住时光拼搏着，我时刻告诫自己，记住时间就是生命，你的生命来之不易，为了明天的收获，抓紧今天的每一分钟。我习惯睡觉前躺在床上都要总结一天的不足与收获，计划着明天的日程，寂寞的时候常在浇灌花草时和它们说说话，把它们当成了自己的孩子交谈，我那心灵深处那团火焰还在燃烧，因为我是从死亡线上挣扎着艰难活下来的女人。我的心经过了人生苦涩的洗礼，知道生命的可贵，我懂得应该怎样活，虽说我每天总是感到时间不够用很苦很累，可我每天的耕耘都会有收获，精神上很充实。

转眼间和那女孩分别两个多月了，当我累的时候常想起那个女孩，我想如果她能来个电话该多好。我又觉得自己自私的好笑，当我在搞创作的时候，怕有人打错电话来扰我，打搅了我的灵感。当我感到枯燥寂寞了我又盼望能来个电话，不管是谁都好，哪怕是打错了的电话也能听到有人说话的声音，聊上几句调解一下思路也好。我想都没想到世界上竟然会有这么巧的事，这时电话铃真的响了起来，当我拿起了电话问一句你好，那边真的听到了那位有缘分的小女孩清脆的声音，我一时激动高兴的又不知道说什么好，只听到那位女孩说：她要和另外一个女孩，一会儿要到道里那边办事，想顺便来看看我。我听到了高兴极了，放下电话后什么也画不下去了，好像是自己的女儿要回来了似的，我心想这回我有了个小朋友了，终于有人来这无人知道的寂寞的小天地了，我兴奋地开始简单的收拾着，扔了那些满地乱七八糟废弃的作品后，我在四楼的窗子前仔细地望着大街往这边走动的行人，耳边还认真听着是否有敲门声。我眼睛好，过了半个小时的工夫，我老远就看到了有两位气质不错漂亮的二十来岁的女孩急匆匆奔我的这个楼门走了过来。凭我的直觉，这两个姑娘肯定是她们。我老早地打开了房门，听到了噔噔有力而急促的脚步声，果真是那位女孩又领了一位漂亮的女孩还给我买来了水果，一进门就像是自己家一样实实在在地干起活来，感到难以相信自己的眼睛，她们一边看画一边感叹道，这简直是无人知道的艺术殿堂。那天我开心地露出很少有的笑容，在一起简单吃了顿午餐，但我还是没好意思问那女孩是上学还是在上班。她们走后我的心中还在回味着快乐的感觉，我高兴有了自己的小朋友感觉不错。十几天过去了，突然那女孩又打来电话告诉我："吴老师你不会寂寞孤独了，一会儿有人去你那里看你。"说完就把电话放下了。等我还没搞明白就听到了敲门声，当我打开门一看闹糊涂了，那女孩带来了两三个人还有一些机器，还有架子，一进门那女孩解释介绍道：这是我们电视台的某某记者，特此来采访您的。我感到突然表情尴尬地说道："噢，原来你们是记者，可我一点儿准备也没有，这……"我用手比画着屋里乱七八糟的意思，又随手推一推桌子上的饼干用脚踢了踢脚下被丢了满地的画，又拉了拉我那因为屋里阴冷穿在身上那件拖到脚面上的深黄色带紫花边的生毛呢子藏袍说道："你们看我这打扮？"我疑问道："这行吗，屋里又太乱了。"那小姑娘和那位男记者还有一位工作人员急忙解释道："就这样很好，很自然。"他们三位记者让我该做什么就做什么不要管他们，我按她的计划自然地写着书法，又画了两张国画，下午我又画了一幅油画，就这样记者们跟踪采访了两天，就连清晨锻炼身体打太极拳练剑，休息时弹的钢琴曲也录入采访之中。记者又和我唠了很多，我好像遇到了知己毫无拘束地和他们交谈着心里话。几位记者如实地跟踪了晨练武剑弹琴，从家到我工作室两点一线的采访两天的录像，他们也忙得看上去很累。过了一个星期后记者来了个电话，告诉我采访节目下周播出，那位记者讲他们得到了台长的好评，并问你们在哪儿发现的这个人才的？怎么早没发现。当播放那天，我一个人默默观看着倾听着那深沉的朗诵词语，浮想联翩那酸甜苦辣的一幕幕，使我的眼泪流淌得模糊了视线，我在想我要好好休息一下，像正常人那样过几天正常人的日子去放松放松。节目里那钢琴曲配乐是我弹奏的感觉还好，记者的文章写得也不错朗诵得也好，是那样的深沉有韵味，我感到很合我的深沉韵味，我已习惯了做什么事都要求做得最完美最好。记者的那文章写的也不错，记者写道：当看到吴老师的画，你就走进了吴老师的内心世界，她挥动的不是笔，而是她的心灵的延伸，每一幅作品都是画家本身的写照，吴老师是一本厚厚的书耐人寻味，画中涌动着她发自内心的人性的温暖和生机，她那寥寥几笔赋有动感，灵气的花鸟就体现出艺术家高品位的品格，那清幽的笔墨洒脱而又有着不凡的功力使人陶醉。我的专访节目播出的日子那天，我接到了不少认识的朋友们的祝贺电话，可我的丈夫却不高兴地故意不看，说有什么呀！其实我也没感觉有什么，这不过是上天的安排电台的需要罢了。几天过后，那记者来电话告诉我他们这个采访节目获得了省电视台里最高节目奖，又被评为中外文化交流的节目寄往国外播放后，受到国内外友人的好评。那是在1997年的秋天，这秋天里虽说来了这几位天使，给我这孤独的人带来了些快乐，同时也带来了烦恼，自从电视播出后，各个杂志的记者前来采访，要采访我的内心世界，我都拒绝了。有一位男作家跟了我两天要写我，跟着我了解我，我走哪那位作家跟到哪里，那几天可把我闹烦了，我觉得那位作家不是很有水准和修养的，我又不想接触社会，不想让更多的人知道了解更多的我。再说我爱人又不高兴让我出头露面，本人也想过平静的日子，我从心里不需要这些宣传，我觉得自己还需要沉默，无人打扰地静静地去完成自己的事业。我丈夫那些日子不理睬我，不高兴我上电视，后来又来什么记者作家的搞得我每天还得看着爱人的脸色度日。虽说这几年里，爱人的脾气平日里好了许多。在年轻的时候我的丈夫表现好的时候，我就喊我丈夫叫大哥，我丈夫美滋滋的，看上去可高兴了。当我丈夫表现不好发脾气的时候，我不高兴便喊丈夫的名字陈兆杰，谁也没有想到总是孩子气的我却有着刚毅的性格。我常思索着我丈夫那古怪自私的性格而忧愁，认为我丈夫可能是那个年代那个年龄段，受孔夫子男尊女卑的思想意识最浓的知识分子的典型，最可恨不幸的是，我又是生活在一个我国刚刚走进新时代的女性。在我丈夫这种男人眼里太难活了，怎么着都不好做。你不强不如自己丈夫吧，他嘴不说心里看得出也有想法，你比丈夫强了吧，他不高兴压制你，我活在这个年代又是个好强的女人，活得太难太累了。尤其是我比丈夫小上八岁，再加上丈夫的那个凶脾气，我要忍受着心理和精神上的压力。我种种坎坷的命运，使得我透不过气来，只有沉默向命运较量。我是个优秀的女人，为了保持维护着这个家庭，为了不伤害和丈夫之间的情感，为了有一颗纯净的心态，我把全部精力投入到了拼命创作之中，我谢绝了外来的烦恼，关起门来回到我早已习惯了的半隐居的生活状态。

电视台摄影记者拍摄的近影

那电视台几位记者成了关心我的好朋友，常来看望我劝说我不要这样太累了，出山吧。画的水准这么高已可以了，休息休息吧，到时候了也该向人民展示出来汇报一下成绩了等等。我真的很累很累了，我在那几位记者劝导下，觉得有道理，我想是啊我太累了，学海无涯何时了呢，该休息一下，调理一下了，好好养养病吧！就这样我决定休养整理整理自我，我开始尽量调节着我那个多年来投入痴迷到绘画创作中的那紧张状态的大脑，我要多看看外边的世界，重新找回属于我自己那久违了的开朗豪爽的性格。我要重新看世间的一切。

一天我像个孩子似的换上好久没穿过的我喜欢的衣服，又配戴上我喜爱的装饰小帽决定放松一下自己，去离家不远久违了的松花江畔散步，我十几年来第一次找回放松平静的心情，发现散步的感觉真好。当我漫步在久违了的大街小巷时，感觉不敢相信自己的眼睛，上帝呀，这是离我家不远的大街小巷吗？我好像去了另一个城市，感到那么的陌生，变化太大了，过去那透龙街上的室外长长的喧闹的自由市场不见了，搬进了不知道什么时候盖起来的高楼里，楼前面都挂上什么超市的大牌匾，变化太大了，我自己感觉我就是一个山沟里来逛新城的土老帽儿。当我来到了中央大街上我出生的地方时更是焕然一新，过去来往各线路的公车都不见了。这中央大街也不叫中央大街叫步行街，全是来往的游客在散步逛街。街道的两侧都是商场商店，有不少中欧式样新盖的小楼。在道边保持着原有的欧式风格。高层建筑都在大街小楼的后边，也不知是什么时候盖起来的。我到江边上看了看没什么变化。那过去坐过的木质长椅还在，我坐在那里，感受着江风江水，呼吸着那清凉新鲜的空气自我陶醉着，好舒服好亲切的感觉，我往回走着，轻松游逛散着步，这时有两位中年夫妇和我相对方向走过时，用说不清的那疑惑的目光注视着我，我觉得很不自然，当我走过两个商场门的时候，便听到后边有人边跑边喊人的声音，我只听到喊道："老师，老师，你等等"，我真没想到是在叫我，一会儿那两位中年人气喘吁吁地在我身后停了下来，断断续续地喊了一声："老师，请问您是不是前几天电视上播放的那位吴凡老师？"我这才知道是在跟我讲话，停下了脚步和蔼地答道："是，请问有事吗？"那两位夫妇不好意思地客气地说道："我们是在电视里看到了您，非常敬仰您，是这样，我们开了个小画店，想请您帮着看看，有些画是收来的不知画的怎么样，我们不懂又怕受骗上当。今天刚才走过去时，看您像那位老师就追了过来。您是不是能有时间帮个忙？"我问了一句："在什么地方？"她们说："就在中央大街上。"我看他们累的一头的汗也就答应去帮他们看了看，我凭着自己多年的研究经验仔细认真观看了一些画，真诚告诉他们收来的画一般都是水印和临摹的比较多，我又谦虚地说道："你们也可以再找找行家看看。"我向那两位老板告辞，他们彬彬有礼地说着感谢的话，把我送到了大门口。我告辞了画师，一出来就听到中央大街前边热闹的鼓乐齐鸣，我感到有意思便紧走了几步想看个究竟，原来是一家新开的首饰商店，我感到很稀奇，我想现在真的变得不可思议了，商店开业请来武警战士吹小号，可真气派。我看有一个男青年在给那些乐队照相，就走了过去攀谈了几句，那青年听我讲话很有趣又看我的穿着打扮虽说是很随意，可有些特别。便问我："大姐您做什么工作的？"我简单讲了几句："画画的。"那年轻人敬仰地马上拿出来了一张小纸片送给我："我看您有点面熟想起来了，你就是那前几天电视机里，看到的女画痴呀，太好了，今天看到您真高兴，来来您过来。"那年轻人说："我给您拍张照吧？"说心里话我还就想让他在这吹号的人堆里给我来一张，因为我很感兴趣，在我眼里很新鲜。我来到了那吹打的热闹的，整齐又严肃的解放军乐队前，那年轻人真给我拍下一张，那年轻人又要了我的地址说洗好了给我寄去。其实我是凑热闹开心来的，我好像出了笼子的小鸟，看什么都稀奇。根本没想那照片能否寄给我，真没想到过了几天还真寄到画室去了。我的命运坎坷，自打我在死亡线上挣扎以来，我看破了人的邪恶与自私的丑陋的一面，我看淡了人世间的一切，在我眼里仿佛人世间已没有了真诚可在，可那些日子里在我的生活里真的时来运转了，我感到了人世间是多么美好，飞来的天使真的不是梦。

第十六章

文明的盗贼

五彩美丽的秋天就这样过去了，初冬的一天清晨我不知怎么了，一大早起来心里闹心得想给观音菩萨烧香，我拿起香来给那尊陶瓷滴水观音菩萨烧上了三炷香，我爱人看到不高兴地说："你大早晨的这么忙，烧哪门子的香哪！"我顺口说了一句："不知道，保平安吧。"第三天，天上飘落下鹅毛大的雪花，那是那年的第一场大雪，在空中飘舞着，我很久很久没轻松地看天上洁白美丽的雪花了，我抬头望着那空中飘舞着的雪花感到是那么的心旷神怡，我走在给学生去上课去往画室的路上。那是个星期六，那年是1997年的十二月份。当我走进楼道来到四楼的画室门前时，早有两位学生等在那里，我急忙去用钥匙开门，可当我把钥匙插入锁孔却转动一圈，门异常的没有反应，我心跳加快有些害怕，觉得不对头，焦急地一拉门门竟然开了，我眼前这一切让我目瞪口呆，里门、门框都被撬开了，门坏了、锁落在地上。我看外屋的油画还没被破坏，紧跟着进里屋一看，写字台的小抽匣被撬开了，拉开翻得乱七八糟一地，我急忙看了一眼画案子上的笔筒还在，我急忙把笔筒里的东西倒了出来一看，收上来的两千元学费还在。我一下子轻松了许多。我大概看了看没丢什么。可我那紧张的心还在提着，马上打电话报了警，可那派出所的值班员却慢吞吞地说："不是没丢什么吗？"放下了电话我气急了，我在想小时候在我心里警察权叔最叫人敬佩了，可现在这里有事找警察报案却不理不睬。我无奈慢慢冷静下来，控制自己那颗紧张的心简单收拾了一下，给学生们上起了课，可那被惊吓的感觉还没平静，学生们走后我急忙给丈夫打电话来看看，丈夫说他没时间工作太忙脱离不开。后来丈夫叫小姑子过来了，我们两人临时安了把旧门锁。一直忙到天黑，这才冒着大雪回了家。我回到家里心里有些后怕情不自禁地念叨着："阿弥陀佛，菩萨保佑！"我越想越不敢去想。心想那小偷还是很文明的那画没给我都破坏了偷走了，真是不幸中的万幸。我对我爱人说："这要是把我的作品都拿走了，可是我多年的心血全完了，那小偷还是文明的。"我丈夫风趣地说道："这么说你还得请请那位小偷了？"我接过来，说道："那是，如果看到那小偷，我可能会请请他的。"我自己在心里暗庆幸着，我心里暗想如果画都丢了，那还办什么画展哪，我这十几年的创作等等我不敢再想下去。夜里我提心吊胆的，怕那门临时安装的锁不安全再进去什么人，睡不好觉，等到第三天丈夫找人来安装上了防盗门，我那颗心才平静了许多。

日子渐渐地淡化了画室被盗的那种恐惧和紧张的感觉，心态平静了许多。四个多月过去，迎来了初春的季节，一天当我快走到画室的时候老远就看到画室的楼门前，挤了许多人在交头接耳，当时我也不知道发生了什么事，当我走近了，听到人们在谈论着那位画家的画可值钱了，这时候人群里一位认识我的老邻居看到了我喊道："吴老师，您怎么才来，警车刚走你家被盗窃了。"我听了头都晕了，我脱口说道："怎么又被偷盗了？"后来才知道是那上次的贼被抓住了交代了偷了这里的一位画家的三幅画，警察是来核实的。我听到这那颗紧张的心才有些平静，我想我觉得没丢什么呀，我边想边急忙跑上了楼到画室里仔细查看了每个放作品的地方。当我仔细查看到，那两个陶瓷画缸里装裱好的作品时，才发现少了三幅，而且是参展过的作品，我才明白为什么那贼那么文明，走后把门给关好了，原来是个明白人，是个文明的盗贼，钱没拿去看起来是专程来盗窃画的。第二天那警察又来核实了一下，当那警察看到书架上有几本中国的、世界的、香港的画册画集的时候就看了看，又询问："这里都有您的大名和创作吗？"我答道："是的！"那警察让我在核实的情报上签字后，并礼貌客气地说道："别着急，等会儿处理完以后，看看把画还给您。"我高兴地说道："共产党万岁，多谢了！"我礼貌地把警察送出了门，心里暗暗庆幸着，却又增加了一份期盼。

第二天新晚报上，刊登了一篇《夜幕下的幽灵》的报道，那篇报道就是警察抓住那个偷盗画的窃贼案，自从警察来核实了案子以后，我每天都盼望着我的画能返回来。可我给警方一连打了十几次电话，回答的是："等案子了结了，才能返回。"就这样我盼望了很久没有了消息，有人问起此事的时候，我很洒脱地说道：不论谁留下了，那几幅作品这都没什么，说明他们喜欢既然喜欢就送他们好了。不可理解的是这件事就这样不了了之了，十年过去了我在心里矛盾，是否可以在这件事上说那个警察比小偷还坏呢？当然大多数人民警察是全心为人民服务的，是得民心的。在此事以后不知道为什么警察在我心目中的光辉形象减轻了分量，不是像小时候那么敬仰而崇拜了。

可这么想也许不对，也许是一个误会吧，也许他们还有其他缘故吧。就这样十几年过去了，这一页已是翻过去的历史，我想起来的时候，我真的还要感谢那位文明的盗画贼，没破坏我要办画展的那些作品。没把画全部拿走还把门关好了走人，阿弥陀佛十几年的心血保存了下来。

第十七章

画展风波

　　我在心里默默感谢那个文明的盗贼，潇洒放松了一天，在记者们劝说下我决定出山办个画展.其实我早就有这个想法，因为钱的问题，我询问了美术馆负责人需要多少费用，了解后我心里有了数，觉得目前钱不太成问题了，可本来丈夫支持我画画是为了让我养病，不愿意让我出头露面的。我丈夫对我说去年电视台刚播放过都认识你了，可以了吧？好好把病养好比什么都强！丈夫不同意我办画展。我也知道丈夫是一番好意。可任性倔强的我认准的事，谁说也没用。我根本没把丈夫的意见放在心上，我不高兴的心情一直压抑着难以平静。我考虑一定要在不伤害夫妻感情的情况下，得到丈夫的支持和理解最好，我知道不好办，因为我爱人从来是沾火就着不容得我说话，我斟酌了很久，一天我感觉丈夫心情不错，就谈了要办画展之事，可当丈夫听了比任何时候发的脾气都凶，只见他坐在那沙发上大声吼了一声："你想干什么就干什么呀！"只见他腾地站起身来怒气冲天地跺着脚吼道："不行！"冲着我吼道："你也太不像话了，太过分了吧，说要办画展就办哪？养病就好好的养病，别没完没了的折腾行不？"我丈夫用手指着我吼道："你考虑好了你看着办，我不同意！"他火冒三丈地把门狠狠一关上班去了。我那边什么也没说泪如雨流满面，心里酸楚翻滚着做着思想斗争，脑子里在想其实我也明白丈夫为我好就是方法脾气不好罢了，其实我早就打好了主意不管他同不同意也要办这个画展，这也是我这几年一贯的犟劲，我认准的事一定要去做还要做的最好才是。多年来我心灵燃烧着的那团烈火那心里的泪水，告诉我要燃烧要为了明天的理想，为了今天的耕耘为了明天的收获。我决定不惜一切代价，要举办这个画展。丈夫上班后我的心情到了低谷无法自拔，我反复思考着冷静了下来，心想离开丈夫两天吓唬吓唬他也就会依我了。我把牙具被褥卷了卷用床单当包袱捆扎好，打电话求邻里的大姐帮我拿了下去，打了个车去画室住下了，决定不回去了。画室十来年不住人，又是个冷山墙，北方的初秋没有暖气屋里冷得不得了，多亏我把电褥子拿了过来，我一个人到了夜里用被子把自己裹得紧紧的，可我还是又害怕又孤单又冷，其实我心里在盼着爱人能来电话，可一直没听到电话铃声，我自己无聊睡不着爬起来拿起了铅笔画起了素描，心里不安胡乱想着：我自己也知道这次闹腾的过了点儿，可自己觉得为了办画展也值，又一想顺其自然吧！我那不平静的心里哪能画得下去，胡乱涂抹了一张自画像丢到了一边，又躺到了被窝里。我静静设想着可怕的未来，当我脑子已累了刚要睡着，夜里十一点了电话铃声终于响了起来，我心里又高兴又气，说不清是什么心情。我拿起来电话，没说话又放了下去，心想我告诉他我在这里就是生你的气，不想理你又耍弄小孩子脾气。就这样电话铃声响了两三次我都没接，后来就没有了动静，屋里又是孤独的寂静，我一直到天快亮了才闭上困倦的眼睛睡了一小觉。在我离家出走的前一天，我接到和我很亲密的姨婆婆去世了的消息，今天是老人出殡的日子。我醒来马上简单梳洗了一下急忙赶到了市医院的太平间，那是医院的后门，我到那的时候他们家里的人和我爱人已经到了，我在忙乱中和丈夫脸对脸地打了个照面，可我丈夫却不可思议的就像根本不认识我似的还是那张冷冰冰的脸。在和他亲友们忙碌着，当我和丈夫脸对脸面视的那一瞬间，看到我丈夫那冷若冰霜麻木不仁的表情，我心里有说不出来的酸楚和陌生，不可理解的疑惑，丈夫这次看起来动真的了。我本以为在这里看到丈夫，他会缓和一下夫妻的紧张的局面，可没想到却是如此的表情，我心想在等等看，在老人出殡后在饭店里一个桌子吃饭，我丈夫也没和我说话，在我丈夫旁边坐的那位姨婆家的亲戚问道："怎么没看到你爱人来？"只听到我丈夫那边半低着头压低了嗓音和那人介绍道："那对面的那个就是。"同时用眼神眺望了一下我，那人好像看出了什么也低着嗓子说了一句："你也不介绍介绍。"当人们往回走的时候，不记道的我走错了门。正在我焦急的时候丈夫看到了我，本以为丈夫会叫我一声，可我的丈夫理都没理我，好像没看见一样就进了楼里。后来又当我的面叫他妹妹们上他的车，我小姑子懂事的来叫嫂子上车，倔强的我心想不是丈夫亲自来叫我，我是不会上他车的，我想如果丈夫来叫我，我也就见好就收了。可我丈夫没给我这个机会，我更倔强起来没等丈夫的车开，我一路小跑的先走了出去。我故意想让丈夫看看我不稀罕坐他的破车，我拐出大院门，那股倔强劲促使我脚步匆匆走着耍着性子，一会儿我见我丈夫的黑色轿车从我身边飞驰而过，我有意斜视着丈夫的车，看着丈夫那冷若冰霜的表情，认为我丈夫就是特意让司机开快，给我看是车快还是你走的快的感觉。我虽说心里不服气，可还是感到很孤独，一个人回到了画室。虽然平日里和丈夫叫劲，可丈夫像对孩子似的几句好话一会儿就好了，可从来没像现在这样，我有一种孤零零的感觉，其实我内心只是想气气他让我丈夫同意我办画展，对我办画展给予支持罢了，心里还是在惦记丈夫晚饭没人做的问题。其实丈夫那边也一夜没睡好，也在上火也在挂念我，那边身体状况的问题，两个人虽说谁也不让谁，心里都在惦念对方，白天的一幕幕在我眼前闪过使得我心情乱作一团，坐立不安，心烦意乱地趴在床上痛哭了一场，不知不觉中睡着了。半夜里冰冷的屋子把我冻醒，一看自己身上什么也没盖我冷得浑身发抖，赶紧拉过来被子盖上，可还是感觉冷，心想坏了这是在发烧感冒了，我用被子大衣把自己裹得严严的，还是不行，我有点支持不下去了，在这时我想起了丈夫想起来在家里我要是睡觉了，丈夫总会给我盖上点儿，家里也不会这么冷。我开始流鼻涕咳嗽，我有些害怕了，因为我就怕感冒，一感冒肺病就要加重那可毁了。我感到孤单，半夜里又想丈夫又盼望丈夫来个电话，可等了很久也没有电话的铃声，我忍耐不住了给我小姑子打了个电话，小姑子在电话里听到我沙哑的声音就知道我感冒了。我把我和她四哥吵架的事告诉了我小姑子，我小姑子这才明白白天的一幕幕不可理解的事情。我们姑嫂聊了一会儿，刚放下电话没两分钟电话的铃声就响了起来，这回是我丈夫打来的，我拿起电话一听是丈夫，好像一切恨都到九天云外去了，鼻涕眼泪一起流了下来撒娇地只说了一句："大哥，你坏！我都感冒了。"我丈夫知道我感冒了会使病情加重的，这一句话刚落音，只听那边电话里急切地说道："等着我，这就去接你。"我放下电话后，这眼泪哭得更伤心了，好几天的委屈在眼泪里流动着，我难以控制。正当我的伤感的时候，深夜静静的楼道里传来了急促的脚步声，紧接着我听到了开门的声响，当我丈夫看到我身上披大衣、被子裹得严严地躺在沙发上流着眼泪的时候，好像换了一个人似的，二话没说拉着我手说道："赶快，咱回家，咱啥也不用拿，打车回家。"一边说着一边帮我拉开被子，赶紧把我的手放在他的腋下拉着我往门外就走，只听哐的一声门简单地锁上了，丈夫拉着我的手急匆匆下了楼。当时我都不知道是怎么下的楼，到了楼门口，丈夫举手打了个车，我们上了出租。我像个孩子似的眼泪还在流，我丈夫一边给我擦着泪一边嘴里叨念着"咱回家啊咱回家"。那时候我好像感觉从没有过的幸福，我像个孩子似的依偎在丈夫的怀里抽泣着也

顾不得，也没想起来自己已是四十几岁的人了，司机会不会笑话等等，通通
没了感觉，只是像个丢失了的孩子找到了亲人到了家的感觉，当时回到家里
已是后半夜两点多了。我简单洗了洗流的满脸泪水的大花脸，洗了洗两天没
洗的脚，丈夫把药拿给我吃上后已经是清晨的三点多了。天快亮了，我搂着
丈夫的胳膊头靠在丈夫的肩膀上睡着了，那一夜好像跨过了几辈子的感觉，
又回到了和丈夫热恋的年代。那个感觉那个情感太难忘了，太幸福了。早晨
丈夫把早餐做好，来到我床前问候我感冒怎么样了？用手摸了摸我的额头，
说道："还好，不那么烧了。"便顺手拉我起来说道："起来吃点饭就好
了。"我撒娇地说："大哥，那你亲亲我。"丈夫好久没这么温柔了，在我
的额头上吻了吻，这时候我发现丈夫的脸有一面肿了起来。我关心地问了丈
夫，才知道这两天我不在家也没睡好，上火了牙痛。这两个人呀，死要面子
活受罪，谁也不让谁，其实互相还都爱的很深，这是何苦嘛？这可能就是生
活吧！我好像忘了感冒发烧，忘了前两天丈夫那冷冰冰的脸，我心情一下子
轻松了许多，好像身体也跟着好了许多，也有了精神，我们用过早餐丈夫去
上班了。十几天过去，每当我想起来姨婆婆出殡的那天，丈夫看到我不知道
为什么怎么能那么狠心不理我，我心里一直不舒服，我耐不住看丈夫心情不
错，就问丈夫可没想到丈夫说一句："你呢？更狠心，把牙具都拿走了。"
两个人你看看我，我看看你，我这才恍然大悟，我那疑惑的眼神里露出微
笑，我们相望着哈哈大笑起来，夫妻的一场闹剧终于在笑声中从心里化解
了。其实我丈夫别看脾气不好，爱我的方法不得当，可还总是一向娇惯让着
我这个倔强好强的小妇人，这是我这辈子唯一有的福分。

在那以后我要办画展的想法我还是没有放弃，当我看丈夫心情好的时
候，又一次提出要办画展，丈夫虽说不太高兴可也没说反对，我知道丈夫无
论什么事发脾气以后还是都依着我的，我看丈夫没说什么就知道丈夫就是
不反对了，我就便开始忙碌起办画展的事情。首先我去了省美术家协会和
有关领导谈起要举办个人画展之事，美协的秘书长向我了解了一些有关我的
作品创作情况。一开始那位秘书长还有些怀疑的口吻说道："等看看你的画
再说吧。"一拖就是一个星期过去了，我又找了那位秘书长几趟才去我的画
室看了作品，当那位秘书长看到我的画的时候，面目表情惊呆了，一边翻看

着一边嘴里不断地情不自禁地念叨着："太好了，太好了！没想到这画这么好，画展一定要办，一定要办！"我总算放心了，我问秘书长看看能不能定一下日期问道："八月初是否可以？"那位秘书长很痛快地答应下来，我这个十几年不接触社会的女性，硬着头皮单独请那位秘书长到画室旁边的一家酒家去吃了午饭，我们走进那个酒家的时候已是快一点了，酒店里早已坐满了人，服务员小姐把我们俩带到一个十三号牌的桌子前，那位秘书长看到是十三号就向小姐提出来换一个桌子，说这十三号不吉利，那小姐说道只有这个桌子了，无奈我们只得就坐了下来。那位秘书长顺手把那十三号小牌子扣了下去，我不解地询问道："你怎么还信这个？"秘书长答道："国外都忌讳这个，不是出自《最后的晚餐》尤大叛变的故事吗，从那而得来的。"我早就知道这个故事，我没想到是这个人倒信外国的这一套，我听了秘书长讲的不愿意坐这十三号的原因后，倒觉得有些好笑。说一句"哦"又开着玩笑地说道："那你可别是那个尤大呀。"我勉强不情愿地请那位王秘书长先生吃完了那顿午餐，使我无意中又破费了一百多元的午餐。十几年没接触社会的我，还是那么天真正统以为一切事情都是按正规办事情哪，什么事想得那么简单，我认为我已经破例请那位秘书长吃了午饭不会有什么问题了。便满心欢喜地搞起设计联系印刷请柬的事。可那位秘书长真的成了那个尤大，正当请柬印刷好了，突然那秘书长来了个电话，说你画展的日期得推迟到十一月份，说什么有一个全国的画展要在那个日子展出。我一听火一下子冲到了头顶，全身无力地瘫软在地上。天哪！请柬都印刷好了，那印刷费不白费了吗？我那时候正在我的画室忙着作品整理。那个电话使我不能控制自己的情绪，画室里只有我一个人。我趴在画案上痛哭一场，心乱得很，心想我为什么每走一步就这么难。

好强的我明明可以找哥哥和记者帮忙能顺利办的事，我不想麻烦别人，想自己能做的事尽量自己去做，可没想到是这么难。我此时此刻不知道怎么办，脑子里乱作一团，我没有朋友无奈拿起了电话流着眼泪向我爱人诉说，让他出个主意，我诉说请柬已印了那边又变了日期的事，丈夫说："你只能用信封装好几百元钱给那个秘书长试试看了。他是不是要礼呀？"我心想现在钱都是有计划的很紧，可又无奈地按丈夫讲的方法去试试了，我拿了二百元钱用信封装好去了美术馆找到了那位秘书长和他商定日期，可那位秘书长根本不理睬的样子，后来我按爱人说的办法把钱给了他，他才有了笑容说他们在研究研究再说。我心情沉重地拖着疲惫的脚步走在回画室的路上，有一种叫天天不应叫地地不灵的感触心思重重。老话说：人哪不该死总会有救的。当我拖着无奈沉重的脚步快走到画室门口的时候，对面走过来话剧团团长是我哥的同学刘哥，他打了招呼，是同路就边聊边走着，那位刘哥是从小看着我长大的。我小的时候刘哥就总来我家像亲哥一样，那位刘哥说："早就听你哥说你在画画，不知道你画的怎样了？"说着说着已走到了我的画室，我说："刘哥这就到了我的画室，你有兴趣的话，就进来看看！"刘哥高兴地来到了我的画室，当刘哥他看到作品的时候，很快被眼前的一幅幅作品而陶醉了，他一边看一边说："听你哥说你画画，我以为你画着玩哪，可没想到你真了不起，创作的真不错，意境深远诗情画意具有独特的风格。"我说道："没想到刘哥戏剧演得好画还很精通。"我俩互相恭维着，我一边给他介绍着作品的意境，一边说我要办画展的艰难，他一听便急了，"你怎么不去找你哥去呢？省文联主席是我们的同学呀！"我说："我现在渴望有人能帮我，可我又怕我哥他忙不肯帮。"我说出了心里话话音刚落，刘哥便说："我来帮你，有困难只管说！"他给我留下了他的电话，我高兴得好像遇到了大救星，心里一下子云消雾散的感觉，一下子露出了一线霞光，我感觉是我那艰难无助的泪水感动了上天。刘哥走后，我深深地喘了一口长气，四肢放松呈一个"大"字形的姿势，躺在了地毯上思绪万千，我闭目向往着那博大的蓝天白云，向苍穹对着话：老天哪你发发慈悲放过我，帮帮我好吗？总不能让我一辈子在艰难的日子里没了尽头，考验折磨我是不是九九八十一难也差不多了吧？该让我顺利点了吧，拜托了！我祈祷着上苍。

　　不管是怎样老天的指点也好还是该我时来运转也罢，刘哥真的把我的事当自己亲妹妹的事雷厉风行地帮了忙，当天回去就给哥的同学省文联主席打了电话。哥的那个文联主席听了事情的经过和缘由便马上给省美术家协会的那个秘书长打了电话，又了解了一下情况后，向那位秘书长说道："我们感到于情于理都应该给予这位女画家的画展支持和帮助。"文联主席向省美协秘书长讲："开幕式的时候我也过来参加，希望一路绿灯，大力支持，一个自学成才的女画家是不容易的。"这番话这个权力是真管用。这真是俗话说：大官好见，小鬼难逃。

第二天，当我又去了美术馆的时候，那位秘书长态度像换了一个人似的，并且恢复了我原来的画展日期，又帮我写了画展的前言，我在心里感谢我哥哥，感谢我哥哥的那两位同学的真诚关照。我最应该要感谢的是那位话剧院的刘哥，他为人正直真诚，是我哥最要好的小时候同学，我小的时候刘哥常去我那有果园的家去学习找哥哥玩。其实要不叫刘哥给我的哥哥打电话，说"小尾巴"要办画展之事的话，我哥也没看过我的作品也不会帮忙的。因为在我哥的眼里，我就是小孩子画着养病罢了，因为我哥哥从小就像个少爷似的从不知道关照人，最可惜的是在我办画展以后没几年，好人刘哥刚刚退休就离开了人世。我真诚地感谢他，在刘哥去世的那天，我伤心地流着眼泪深深向他的遗体鞠了三个躬，表示谢意和哀悼。我还要感谢苍天他老人家，终于睁开了双眼看见了我,伸出了他那高贵的手臂。不管怎样说起来也怪我这个"小尾巴"，从生下来就和哥哥有难解的缘分，母亲要把我给人的时候刚要抱走，是哥哥放学回来了，哭着喊着就把我留了下来，当我哮喘病特别重的时候，是我哥哥给我搞的偏方治好了，这次办画展在关键的时刻又没离开哥哥的帮助。这可能就是上天的安排吧。

我终于可以踏实紧张地筹备盼望已久的画展工作了，我爱人也开始转变了态度积极大力支持我，在百忙中挤时间帮助我忙碌着，让司机用车拉着我往美术界的各单位和个人发放着请柬，帮我把作品都拉到了美术馆，帮我布置展厅，我得到了大家的支持和帮助，得到了丈夫的支持，心情好了许多，可许多事都得我自己去做别人替不了，忙得我精疲力竭的，身体状况一累又不太好，虽然说多年的理想将要成为现实。女儿听说后大学放假提前赶了回来，又找来了几个同学帮我安装画框布置展厅。门口前那张高大的广告上，省美术家协会的同事提前一天帮忙把"吴凡意神魂画展"的蓝色大字挂了上去。我的几个大学同学路过美术馆，看到了是我的画展将要开展，也进来帮着忙了起来，就这样在我的指挥下，十几个人装的装，上墙的上墙，在我的设计下，一进大厅前方挂了一条横幅，标语是"吴凡意神魂画展"下面挂了四幅两米长一米宽四种不同风格的花鸟画，使人一进门就感到风格独特赏心悦目，令人心情舒畅。第一小展厅的开头是我的单人生活照一张，是省台记者来采访时找来的省里摄影家不加雕琢的没有任何修饰的照片，当时屋里冷，我穿着的是在过路的旧物摊上买来的那深黄色生毛呢子藏袍，藏袍是深黄色的是用紫色布镶嵌的边，虽说我穿在身上不是那么得体，肥大的藏袍拖在脚面上，可看上去有一种特有的气质和风度。我那多年没时间修整的长发散披在后背和肩上，一只手托起下腭，我那沉思的目光里隐藏着很多很深的故事。半身照片左边，是省美术家协会秘书长写的画家简介，我的一百幅作品布满了六个小展厅。第二天就是我的画展开幕式，我是又紧张又不知所措，我和女儿一直忙到天黑才回家，准备工作基本上没什么问题了。我紧张的是明天在开幕式上我的那段讲话是否能讲好。我们夫妻经过人生的风风雨雨后，丈夫又像个大哥哥又像是我的知己又是我的老师。因为我丈夫的确博学，听他们同学讲在他年轻的时候看书可以过目不忘，我很崇拜我的丈夫大哥。在画展的头一天晚上，我丈夫和女儿当起了临时的导演培训我，一遍一遍地练起独白来，有时候我紧张地在家里就脸红，腿也有些发抖，我爱人和女儿哈哈大笑，屋里充满了特殊的排练气氛，我感到无比的幸福和快乐，那一天是我永世难忘的一个夜晚，一连练了十几遍练到了深夜才睡下。那夜我躺在床上好久才入睡，刚沉睡在梦中的我听到急风暴雨打在窗户噼啪的响声，我勉强睁开那困倦粘在一起的眼皮，天大亮了我起来轻轻推开那扇掉了油漆的木窗，风不客气地带着雨打上我，我望着窗外的大街上那在雨中稀少的行人，心想天老爷也不作美下起了雨，这下子画展开幕式不会来多少人的，这时候我看了看时间，不早了得抓紧了不管怎么样，画展还是要正常开幕的，我们全家像办喜事似的三口人喜气洋洋地配合默契地忙碌着，我一连穿试了几套衣服，好一顿折腾也没折腾明白，最后还是随便穿了一套急忙带上画展上要用的笔墨纸砚、来宾签名留念的折子和请柬、简介等等该带的都带上了，丈夫让司机把我们送到了美术馆，随后也在百忙中过去参加画展开幕式。

　　那是1998年8月5日，开幕式那天省、市、报纸报道了女画家办画展的消息。那天当我到美术馆的时候，走廊里已早有五六个人等候在展厅门口。一个我不熟悉的女士抱着一大捆当天的黑龙江日报报纸老早等在那里，那女士见我来了便礼貌地走了过来，客气地问了一句："您是吴老师吧，您好！"自我介绍着并讲了她自费为我买了一百张黑龙江省日报的报纸，特地来为我画展开幕式祝贺的，这报上刊登了我的画展消息，我听了特别感动，上前和那位女士紧紧地握了握手，那位女士讲："是在报上看了《吴凡的荷花》之作和您的简介，我是您的崇拜者，那荷花风格太独特了，我非常喜欢，您能否在百忙中讲讲？"我看她是那样真诚，便细心地给她讲解道："我把荷花拟人化了，荷叶倒垂着有风吹的感觉那是少女飘逸的裙子，那半开着粉红色荷花向着阳光半张开笑脸向一位少女，少女那腼腆羞涩的感觉显示出少女的温情。一根莛一笔画下少女的胸和腰身，下边两根莛画出少女正在跳芭蕾舞的优美姿态。从艺术角度整体观看，就是拟人化的一位气质高雅的少女，在小河里跳着芭蕾舞自我陶醉着。"一个作家采访了我以后，为我写了一篇简介《吴凡的荷花》和画家人物简介的文章。我边和她聊边把那女士让进了展厅，我又开始忙里忙外地接待着来宾。外边的雨下大了我担心不会有太多的人来，更不会有什么人来看画展。可我没想到的是几分钟的工夫大厅里热闹起来，省文联主席省画院院长也来了，省美协主席，省电台市电台的记者，市报省报的记者也都来了，在我初学画的时候，母亲的同学那位七十八岁的老书法家也冒雨赶来。我忙碌着接待着一一握手打着招呼，当时脑子里已有些乱了方阵，这时候外边的雨越下越大了，紧接着不少不认识的观众打伞的穿雨衣的有的没带雨具顶雨来的，老的、少的、幼儿园一帮小朋友阿姨领着坐大客车也来了。此情景不光我没想到，就连美术馆的人也没想到。大雨天里会来这么多的观众和宾客。因为那几年平日里，历来画展开幕式从没来过这么多的人参加，平日里来看画展的人也不多。我在忙碌中看到拿报纸的那位女士也在忙着向人们发放着报纸，心里非常感激，我过去和她又交谈了几句，再次表示谢意，那位女士激动地向我讲她很崇拜女强人，尤其是女画家，在报上看到是自学成才很是敬佩。我谦虚地和她再次握了握手说道："谢谢你，谢谢你的理解和支持。"我又忙着接待来宾去了。开幕式典礼就要开始了，我的许多学生手拿鲜花都来了，我的六个六年级学生都穿着一样的校服，白布上衣蓝裙子胸前佩戴着红领巾，手捧着彩带庄重认真地等待着准备剪彩，一个个兴奋而紧张地等候在那里。

人挤满了大厅，记者们忙着录像，美术馆的人把话筒支架拿到了大厅的中间，秘书长在话筒前庄严洪亮的嗓音宣告："吴凡画展开幕式现在开始，请各界领导到前边来。"这时候大厅话筒的侧面各界领导都已站在那里。我站在秘书长的后面，听秘书长在主持开幕式的时候，简单介绍了画家的简历。然后是省文联关主席讲话，紧接着是省美术家协会主席的讲话，他的讲话很长，给了我很高的评价和成绩的肯定，并希望今后能在我省多出现几位高水准、高品位的女画家来。最后是我的发言，我往话筒前走了一步有些紧张，但我很快理智地控制调节好心态冷静下来。我谦虚礼貌地向大家鞠躬谢意，感谢各位领导和朋友们在大雨天里，在百忙中前来参加我的画展。我谦虚地讲道：其实我只不过是一个人世间大地上的一棵小小蒲公英，一个与世无争，随风飘荡的我，今天只不过是十几年来在沉默中的绘画创作向大家和朋友同行们汇报一下，希望给予指点批评指导，这是我的诚意，希望各位领导提出宝贵意见，谢谢大家。我慢慢地向大家再一次深深鞠了一躬。谦虚简单的讲话赢得了全场一片掌声，这时候十几个拿着鲜花的我的学生和友人跑过来向我献花，我当时不知所措把花都又献给那些领导们，开幕式在一片掌声和鲜花中结束了。满大厅的人们在交流中谈论着作品中不凡的功力，不同变化富有动感与灵气的笔墨风格等等，只听到满大厅的交谈赞赏的话语声，有的人仔仔细细观看着作品，省市电视台，记者们在忙碌采访录像，有不少来参观的人请我一起拍照留念，学生们也一拥而上和老师拍了一张集体照，这张照片也是我和我教过的学生们最后一张照片。从那画展以后，除了教几个实在推不出去要考大学的一两个学生以外，我再也没收更多的学生。记者们对我在开幕式上简单明了谦虚又显露出平凡中的不平凡的讲话，给予很高的评价，记者讲到让人听了吴凡老师的讲话从心里使人感到让人敬慕而耐人寻味。画展的当天晚上省电视台市电视台的新闻都报道了我画展的实况。第二天，在1997年，来采访过我的那个《黄金假日》的节目又做了跟踪报道我的画展实况转播。

画展的第二天展厅里来了几位外地的商人，要买几张画，问我在哪进行拍卖，他们过来买几幅作品？我实在没加思索地回答道，还没考虑过，那些人看了画展，为没买到自己喜欢的画感到遗憾，目光望着那展厅里令人陶醉富有灵气的作品，留恋地走出了大厅。

　　我由于经济紧张的问题，只展览了四天就结束了，在这四天里来看画展的人络绎不绝，有的人来看了两遍，许多人看了画展一边往外走着一边说真舒服，看了画展好像走进了清心高雅耐人寻味的空间，像一个舒展心灵的乐园。一位老人开玩笑地说道："吴老师你的画展能治病的，看了你的清秀淡雅寥寥几笔的作品，心情好舒畅。"展厅里有个人用笔记本在临摹着，可那人临了一会儿便说道："吴老师你的画比较特殊，我临不了，好像是一口气画成的，大多都是一笔画下来的太难了，没有很深的笔墨技法是临不了的。"有好多观众一边观看一边进行评论着。一天来了个我见过又不熟悉，有五十来岁的长发到肩膀并有些秃顶看上去蛮有修养的男士，他来到展厅观看画展，我过去和他聊了几句。才知道他是省里美术界的评论家，我向他请教让他提出点宝贵意见，可那位评论家给了很高的评价说道：他一般是不看什么画展来的，本来也没想来，后来听说这画展确实不错，就耐不住来了。他看了说道确实不错。在画展的第三天的时候，一位有一定名望的老画家贾平西看了画展后，把我叫了过去问道："你知不知道你的绘画风格在我国历史上近似一个朝代的一位画家的风格，古时的那位画家在历史上也没留下几幅作品。"那位贾平西老师点着头深沉地说道："你赢了！"这位老师的一席话，我听了感到有些突然。也是我从没想过的问题。其实我酷爱绘画只是用心灵的感觉去创作，从没考虑过去和任何人比高低，可能说出来同行们不一定会相信，其实十几年来我就是这么过来的，我只是投入到绘画创作中的一个痴迷者。我早已忘却了室外的一切。当画展展到第四天的下午三点多进行撤画展的时候，来看画展的人还是络绎不绝，没办法按合同必须撤掉了。明天还有别的展览要用场地，那些观众遗憾地感到后悔没早一天来看画展，一位男士说道："我以为能展览一周呐，前两天没时间就今天来了。"当时我和女儿陈红还有女儿的学生们往下撤作品的时候，那些刚进来的参观者跟着在后面观看，画被放在了地板上，他们就跟着在地上低着头参观着。当我蹲在地上整理画框的工夫，起身抬头的时候，看到来看画展的人们，已排成了长队礼貌自觉地绕着圈子在看地上的画，当时我有一种好像向遗体告别的感觉。心里觉得对不起观众们。我边撤展览，一边向观众们道着歉，那些参观者遗憾地问道："老师您怎么不再展几天哪？"我答道："没办法，是经费短缺喽！"，又补充一句："哦，实在是对不起大家，谢谢大家在百忙中能来参观给予我支持和鼓励。"

　　画展在观众难舍难分的情感中结束了。回到家里后女儿和我唠起画展的趣事，学着妈妈当时讲话的样子娘俩回味着谈论着，可我丈夫好像有些不高兴的样子。在那边说了一句："你妈妈忙得根本没把我这个丈夫放在眼里，也不给大家介绍介绍一下哪个是你的丈夫。"我这才想起来，"呀"的一声说道："可不是呀？真的忙忘了考虑不周。"我内心愧疚地走到丈夫身边歉意地说："真对不起，我不是有意的。当时忙得忘了介绍。"我向丈夫道着歉，希望能理解和谅解，我从心里感到不是滋味向丈夫抱歉道："大哥真对不起，你别生气，我那时候已忙糊涂了，没想那么多，也没顾得上去想。"我丈夫那边淡淡地笑了笑说："我只不过说说罢了，其实也没什么，已经过去了。"我看得出丈夫是真的不是滋味了，我觉得虽说丈夫心里不高兴事情已经过去无法弥补，我感到好像一辈子都不得劲儿似的，心里过意不去的，再一次走到丈夫身边拉着丈夫的胳膊，撒娇地晃着说："对不起。"丈夫像对孩子似的和蔼地说了几句没什么，过去就过去别在意了。画展在苦与乐的回味中结束了。

第十八章

久违了轻松的快乐

1998年8月8日画展圆满结束了。我仿佛是在甜酸苦辣紧张而又朦胧的梦中醒来，我在这十四年中靠的是精神力量以常人难以想象的顽强毅力拼搏着，向命运向苍天向病魔较量着，讨回了我的命运的尊严和生命。可苍天不公，虽说生命留了下来，身体已是千疮百孔。由于多年忘我的刻苦的奋斗增添了许多疾病，胃溃疡、脾大、节肠炎、胆囊炎，心脑供血不好，类风湿病在这十几年里也加重了许多，全身关节几乎都增生了，我已经是人到中年的妇女，更年期也来临，强活着的我，也不知道天老爷要考验多久才算罢休。我常常在想也许我前辈子修行不好，这辈子在苍天的眼里要受到惩罚，即使我活的很难，我现在却感到比起和死神抗争要好过得多了，我感到了满足。死一回的我更加认识到生命的珍贵，更加懂得怎样追寻人生的价值。疲惫的我想放松一下，品尝两天正常人的生活。

我独自来到了久违了的文化公园，还是在大学的时候和同学们来过这里写生。那时候公园里幽静荒凉没有几个人，可这十几来年过后的今天，我再次来到这里我感到吃惊，好像来到了异国他乡变化太大了，喧闹的游人在欢笑中川流不息。以前是那样的空旷，现在显得有些拥挤，有好多没见过的现代娱乐场所，什么太空之旅、电动跑车、空中飞船飞车等等让我眼花缭乱。我不喜欢人多，便独自来到了用一个巨大网罩上的鸟语林游园。我有生以来第一次狠心花了八元钱买了一张游园门票，走进了我喜欢的百鸟齐鸣的世界，这是我有生以来第一次洒脱地挎了个照相机，以无忧无虑悠闲自得平静的心情，独自在公园中漫游。我一进门就看到了一只会说话的八哥，我开心地和那八哥对话，我说一句八哥"你好"，那只八哥也回了句"你好"，我给八哥拍了几张照片又来到天鹅池塘边，我对天鹅有一种特殊的感情，我喜欢那天鹅长长的脖颈，洁白的羽毛，仰慕它那优雅清高的样子，羡慕它能展翅在蓝天上翱翔，我创作过几幅天鹅戏水的作品，也是因我从小就羡慕天鹅的缘故。我独自温馨地注视着天鹅的姿态，求一位游客给我在天鹅池塘旁拍了一张照。接着我又观看研究了中外国家的鸟的种类，这也是为创作收集素材，心想这八元钱花的真值收获不少，还可以观察到各种鸟类与它们散步与它们共舞。孔雀最漂亮在阳光下闪着兰光美丽的羽毛，时常在人们面前来一个孔雀开屏，抖动着它那五光十色的翎毛，我开心极了来了兴致和孔雀捉起迷藏，像个小孩子似的跑来跑去，又给孔雀拍了几张照。紧接着我又看了一场动物杂技表演、小鸟骑车、鹦鹉算数等等。我虽然兴致勃勃，可体力有限，感觉浑身酸痛无力，精神状态也下降了很多，我便往门外走准备回去。可自己不认路的毛病使我又糊里糊涂地走进了一间屋子，当我看见眼前是玩泥巴地方的时候便来了精神头，我一看，哦！这是个新时代的陶巴，豁然心活了手痒了起来，高兴得像个孩子。我那累得无力的呆滞表情一下子变得兴奋起来，听那小伙计说五元钱可以随便玩。当时只有一个六七岁的小女孩在玩沙子，我来了兴致毫不犹豫地交了五元钱，心想今天就来个潇洒到底玩个痛快。那小伙计给我拿过来一块泥巴，我开心地兴致勃勃地雕捏了起来，墙上挂了不少泥巴人物头的样板，有英国查尔斯王子、有相声演员马季等，我觉得那些头像看上去都显很呆板没有灵气，瞬间灵感在我脑子里设计出来，我想捏自己风格的王子头像。只见我穿戴上了那里公用的围裙，像个小孩子兴致勃勃地挽起了袖子忙了起来。头上戴的那个小草帽也没来得及摘下来，我把手里的泥巴摔来摔去，忙活得头上那草帽歪扣在我的头上倒显得很风雅幽默。我又看了一眼王子头像的样板便低头雕捏了起来，这时候走进来了两个好像在谈恋爱的大学生，看我捏得兴致勃勃也来了兴趣，坐了下来玩起来了泥巴。我陶醉在泥巴里仿佛又回到了童年，忘记了这里是什么地方，那发自内心的投入劲儿，流露出我那童心的性格，像个孩子似的活泼认真。这时的我早已忘却了自己的年龄和疲惫的感觉。我平日里练就了眼睛就是相机的功夫，无论是人或动物在活动的那一瞬间的姿态，我看在眼里都能记在脑子里，抓住那一瞬间的灵感便能提笔画出，所以我看了一眼墙壁上那个呆板的泥人头像，一会儿工夫便在我手里得到了升华，比那毫无表情的样品捏得神气活现而幽默了许多，只看我手中的王子眼神和嘴巴都捏的有动感。我低头细心修理着王子头像，投入得不知道天色已暗了下来，虽然我感到很尽兴，可我是咬牙硬撑着这不争气疲惫不堪的身躯，全靠着精神头儿来支撑着我的兴致。这时候只听到有个男人在说话："老板您能不能给我捏一个头像？"我投入地细心修整着手里的泥塑，以为是对这里的老板在讲话，无心去抬头只想快把手里的泥塑捏好回家。耳边只听到有好几个人在说这女的捏得真

188

好，比墙壁上挂着的样子要好得多，这时候又听那人又叫一声："大师你能不能给我捏一个头像？"自语道："我是外地的。"这时候我才意识到是在跟我讲话，抬起头一看我的周围已围满了观看我捏泥人的游客，我问了一句："是跟我说话吗？"那人客气礼貌地说道："是的！"自我介绍道："我从外地来的碰到您这位大师不容易，我想求您给我捏一个头像，多少钱都可以，留一个来哈尔滨的纪念。"我恍然大悟，那个游客是误会了，误以为我是这的老板。这时候我明白了便谦虚地解答道："实在对不起，你误会了，一我不是什么大师，二我也不是这的老板，时间又太晚了，不然我会为你免费捏一个送你，请你谅解。"这时候那的小伙计把真的老板找了来，那男士个头不高留了一头到肩的短发，头发有些卷曲小眼睛有三十来岁的年龄。那老板一进来便看到我捏的作品，又从头到脚看了我那雅致大方休闲的打扮，客气礼貌地上来和我握手，礼貌地叫道："老师您好，您贵姓？"我谦虚地说了一句："我们是同行"，说着和那小老板握了手介绍道："我是个画画的叫吴凡。"那老板高兴地又一次和我握起手来，客气礼貌地搬过来一把椅子让我坐了下来，说道："我早在报纸上看过您的大作，很是敬仰您，不知道今天能有幸在我这能见到您，早知道是您就不让那小伙计收您的钱了，真对不起！"道着歉又说道："老师欢迎您的光临，希望您有时间常来，一切免费供给，只要是来人提起是您让来的，我都免费欢迎。"那老板倒来一杯茶水，在那位热情的小老板的招待下休息了片刻的我，准备告辞了，问一句老板："我捏的作品想拿走，你看收费多少？"那老板笑道："吴老师您这不就外道了吗？那老板边说边让那位小伙计拿来一个装饰好的泥头像的挂板，板上是用新麻袋布包了一层显得很古朴，我很高兴地接受了，互相留下了联系电话，我说道："你有事说一声，不过我多年不接触社会了，只会画几笔。"那老板说道："我能和您认识我很高兴，老师您能在方便的情况下，给我画一幅画我收藏那就太好了。"说着那老板又叫那小伙子扛来一袋子干粉泥土说道："老师您喜欢搞泥塑，就再送您一袋子干粉泥土拿回去用吧。"我一再推托可那老板真心实意地要送给我带上，没办法我只得恭敬不如从命了。我不好意思地谢了又谢，老板又叫了个小伙子帮我送到了大门口叫来了出租车。这一天是我半生以来第一次这么潇洒开心地一个

涅

人出来玩了一整天。这时候天已经黑了，我想丈夫肯定下班回家了，我从来没黑天回家过，我上街爱人总是会担心我不会过道，今天不知道爱人会不会着急不高兴，我想到这里车已开到我家楼门口，我用板托着我捏的泥人头像，司机帮我扛着那袋干粉泥土上了楼。我刚一敲门就听到屋里丈夫那洪亮的嗓音在喊着："来了！"随着声音门开了，只见丈夫微笑着接过去，我手中的泥人头像，看了一眼说道："真不错！"问了一句是"你捏的？"我看到丈夫脸上微笑的温情，使我从心里感到很幸福的。夜里躺在床上，感觉着今天过了一天梦一般的轻松快乐的日子，我回味着这久违的轻松快乐的感受和幸福，却促使我辗转难眠，忆起坎坷的命运我心潮翻滚着，激情喷发着那艰难岁月中的苦涩，我深感这久违了的轻松快乐，仿佛是我从万里长征的沼泽里跋山涉水，艰辛耕耘中收获的果实，我品尝着陶醉在一天快乐的回味之中，疲惫与困倦带走了我的回忆，我在梦乡中露出了微笑。

第十九章

生命中又一次冲刺

热爱绘画艺术的心灵，使我生命里永远不会放弃和远离表现艺术的日子。我是一个永远期待自己走在新起点的人，所以灵魂深处总会充满理想和信心，总有一种勇往直前的力量和冲动。尽管自己身体已是千疮百孔，可心里总是有一个不可磨灭的信念，那就是明天的太阳会更美好。

每当疲惫的我带着一丝收获送走了夕阳，大脑终于有了空闲指使着酸胀的肢体躺到了床上。可心里总会习惯性地总结着今天不足，规划着明天的起点，祈祷着自己每一天都会有偶尔突发的灵感达到艺术新的升华。虽说这半生苦中有乐得得失失，严重的肺结核病差一点儿夺去我的生命，多年来和病魔作斗争总算从死亡线上爬了起来，可命运总是在捉弄我，我从来好像浑身就没舒服过的时候，无奈地活得很艰难。是乐观和顽强的毅力，是热爱生活酷爱绘画的精神支撑着我，这二十年来生命就是时间，错误地认为抓住时间就是珍惜生命，却忽略了太珍惜时间拼命就是不珍爱生命的表现。即使我现在明白了对于我这个固执倔强的人来说也是无济于事，整个人就很少有放松休息过的时候，脑子里那根创作欲望的神经就是想控制也控制不下来，常常不听自己的支配，烧开水几分钟的工夫也走了神，来了灵感又去拿起了画笔，水壶不知道烧干烧掉了壶嘴多少次。总是把自己搞得身心疲惫的那种，说不出的苦乐涩涩的感觉。我常常夜里睡不着闭目思索总结着自己坎坷的人生，是自信化为毅力，在支撑着我带着无限的美好，对明天充满了希望。

日复一日年复一年周而复始，我忘记了自己的年龄，常常感觉自己还没有长大，还是小孩子性格的我，忆起往事静静回忆思索着瞬间逝去的岁月，猛然间感到自己已经真的步入了中年。从痴迷的创作中回到现实生活里，虽说我二十几个年头消失在繁华的都市里，在沉默的角落中艰难地耕耘着，暗淡忘却了外边的世界，失去了许多人生品味生活美好的快乐，还好我换来了永恒的收获。每当脑海里翻滚着我那段人生低谷中的日子，气喘不匀拿笔的力气都是有限的岁月，有些凄凉无奈和悲伤，当我庆幸没被压垮站起来活过来的时候，想到古人云"塞翁失马焉知非福"这句富有哲理的名言。我在想《西游记》里的唐三藏取经还要遭遇九九八十一难，人活在世上灾难可能也是有定数的，上苍赐给我人生的磨砺也是对我的厚爱赏赐吧。坎坷与磨难使我感悟到很多，对于自强者来说，磨难是一种财富和力量，对于懦弱者来说就是一种灾难和凄凉。假如我懦弱只是忧郁忧伤而退却，可能早已消失在这个人世间。是磨难和自信使我倔强的个性充满了无穷的力量，成为强者活出个自我来。在坎坷的命运中使我感悟到匆匆人生不如草木，应该努力留下些什么才是。

酷爱绘画艺术的我，淡漠了世俗的一切，只有一个信念，那就是要在有限的生命里不断地学习，更好地发挥出自身的能量。要留下更多有独到风格的高品味艺术创作，让后人有回味的感觉，这就是我人生的追寻。在生活上我常常有点儿吃的就成，穿的上常常没时间逛商店，认定了一个出口转内销离家近的地方，一去就抱回一大包，都是十块八块一件没有超过五十元的，然后按自己的灵感改装成自己有个性的样式，穿出去回头率还不少，倒成了引领潮流的先锋。我喜欢这物美价廉的消费，也喜欢享受自我修改服装的快乐。我从来不去追赶什么时髦，向来是我行我素。我在吃穿上一向是知足者常乐感觉很好，可在追寻艺术上从没打过折扣，也从没满足过。这些年来自我感觉成熟了许多。

寒冷的北方，我的风湿病在加重，脊椎和全身关节几乎都已增生变了形，活动起来关节咯咯作响，每天麻木疼痛难忍，本来我就是死里逃生体弱多病，加上废寝忘食地痴迷于绘画创作，身体早已是积劳成疾，检查身体后发现我五脏六腑也都多少出了毛病，胃溃疡、节肠炎、胆囊炎、心脏病等不死不活的病，尤其是由于多年来站立画画，腰间盘突出、椎管狭窄的病最受罪，整天坐也不是站也不是，怎么着都是疼痛难忍，每天像上刑般度日，夜里常常疼得翻来覆去难以入眠，我怕影响丈夫常常半夜起来去大厅慢慢活动活动，或者硬撑着去写写画画，调解着病痛烦燥的情绪，过着煎熬的日子，无奈又倔强的我总是不服输，宁折不弯的个性驱趋我面对着病痛的折磨，强忍着这不争气的肢体，周而复始身体力行地去学习去创作，从没用大块时间去休息过。

一天小姑子看我病得厉害催促我去看病，她劝说我还是治疗治疗为好，身体是主要的，现在医学发达得很。听了小姑子的关心和劝嘱，我爱人带我去了医院拍了片子，医生看后说你的腰已经很严重了必须要进行手术治疗，不然会发展成了瘫痪。丈夫让我自己决定，我反复做了思想斗争，为了有更好的明天还是决定听医生的手术为好。就这样我又一次住进了医院，三天后我一大早被护士盖个白色布单子推往手术室，丈夫跟在后边目送我，我看着丈夫焦虑紧张的目光和表情，目送我进了手术室，我紧张的心情不断在加剧，经过消毒等一系列准备后，医生让我趴在手术台上，只见三个医生三个护士稀里哗啦地摆弄着医疗器械几分钟后，手术开始了只听见麻醉师说道："忍着点打麻药了。"我紧张地咬牙挺着疼痛，医生专门找了个护士陪我唠家常，海阔天空地聊来分散我的注意力。当时我感觉到刀在身上割的位置，紧咬着牙心里在快速默念着阿弥陀佛，哪里还有什么心情唠嗑呀，只是偶尔回她一句，紧张的心情随着钳子剪刀不断碰撞声响加剧，突然我感到一阵剧烈疼痛还不敢大声叫，怕惊了医生再碰坏哪根神经造成瘫痪就全完了，我强忍着从牙缝里压低声音挤出一句："太痛了！"这时只听医生说一句："再来一针麻醉针。"就这样反复十来次，我听到医生们在说："没想到，这个女人真坚强，从来没遇到过，男人都是脚蹬手刨乱抓乱动的。"我强忍着剧烈的疼痛听着他们的谈话，心想你们哪里知道我是经过磨难从死亡边上爬起来的人，什么罪都能挺过去，我想以后只要让我能画画就行，这会儿听医生说一句："你挺着点，我摸摸神经的情况。"这时只觉得全身神经撕裂地巨痛了一阵，我真的忍不了，低声叫了一声。同时我的脚和腿又冷又麻，慢慢的两只脚相互搓揉着，缓解着难忍的滋味，可还是没什么好转，我实在挺不住了才对护士说："脚太冷了又麻。"护士很热心地拿来热水袋放在了我的脚上这样就好多了，紧张的心情难忍的疼痛交织在一起，使我感到这真不是人遭的罪。我咬牙坚持忍受着不断地在心里默念着阿弥陀佛，就这样两个多小时过去了快三个小时了，终于主任医生说一句："好了，挺好的缝吧！"只见他拿了一个透明的小口袋，一只手举得高高的给我看里边装了几块带血的小骨头说道："瞧，完事了，拿出了十三块小骨头，放心吧，手术很成功。"边说主任医师边走出了手术室，留下了副手在为我缝合刀口，只听到像冲水池般的冲洗着刀口，十几分钟过后医生说："好了，你胜利了。"我被推出手术室，看到门外丈夫还有三姐小妹小姑子都来了，焦急地望着我出现，当我看到她们的那一瞬间，心里好像有说不出的感觉交织在一起，我看到丈夫是那样急切焦虑的表情在那里急得直搓着手心，姐妹们也焦急地望着我，听到小妹说一句："你再不出来姐夫都要哭了。"当我看着丈夫那种揪心急切心疼的表情交融在一起的样子，我感到无比的幸福和欣慰，姐妹们也在我身边看着我，使我手术时那种害怕紧张的心情稳定了许多。看着丈夫为了让我休息好，又把我换到了高间一个人两张床的病房，丈夫全身心为我操劳夜里守护着我，第一夜丈夫一夜没合眼看护我点滴。当我细心观看着丈夫那头一半都是白发的疲倦的面容时，心里好不是滋味，虽说心疼我的丈夫可内心里却感到很幸福。

女儿自从我进医院，一天来几次电话，后来她忍耐不住牵挂，我又怕她爸爸累坏了，孝顺的女儿女婿每个星期六从北京赶回来，星期日再赶回北京上班，就这样替换她老爸。两个孩子是那样的孝顺，我从心里感到无比的幸福，好像后半辈子都会有享不完的福。白天是小妹在这照料，丈夫来回往家里跑为我做好吃的加强营养，今天乌鸡汤，明天排骨汤。医院里的人都说："看得出你很幸福，你丈夫真的很爱你，好羡慕你呀！"我看到丈夫为我倒屎倒尿毫不嫌弃的样子，那无私的爱一点，使我夜里睡不着，在心里自责自检，我回想着过去的岁月，做着自我总结，才理解到爱人年轻那时要职称评定是爬坡的年月，工作又忙又累，所以没有太多的精力关爱我，而造成了我的误解，想起来是我不懂事。可我一直在心里恨着丈夫低调地生活着。其实是我自己的错，经过切身体会到现实生活中丈夫对我无微不至细心的照顾，随着我的成熟，品味着他的真爱，使我反思过去的我，是因为太年轻太自私的关系吧，偏激地胡思乱想自讨苦吃。感悟中我意识到夫妻之间的爱情也要像银行储蓄一样，不能只考虑到自己的感觉和感受，要不断地沟通，要经常储蓄感情，以免造成不必要的无心的伤害，生活才会有新的活力。要多一些理解避免误解，多一些宽容理性的处理，方能保持爱的火花。其实说起来容易当事者迷，时过境迁，可惜我这个一贯追求完美的人，就没有完美的时候，感情上，在迷雾中度过了那段宝贵的年华，不可挽回的悔悟使我会去珍惜今后的日子。

很快二十天过去了，我赶在春节的前一天出了医院回家过年，女儿女婿一起回来接我出院陪我过年，我们全家过了个从没有过的快乐热闹幸福的春节，这是女儿结婚后第一次多了一口人的春节，女儿在北京买回来了春联，女婿和女儿把每个窗户门上都贴上红红的带有各种祝福词汇的福字春联，我躺在病床上不能动，看着就是个高兴。一会儿看看两个孩子，一会儿看看丈夫在忙碌，我心里感到从没有过的幸福。春节过后孩子们回北京去上班了，家里感到空落落的，好像没有了活力。丈夫每天要上班还要为我把午饭做好，放在保暖壶里，丈夫生怕饭凉了就把午饭的暖瓶左一层又一层地包上毛巾、毛毯，才放心地去上了班。

　　每天丈夫老早就往家里赶，为我做好吃的为我洗脚，细心地照料我，那时候我再要强也没办法，不能动。我为了减轻丈夫的负担，用女儿为我买来的双拐咬牙艰难地坚持去上厕所，每动一步全身就疼出汗来。丈夫不让我自己去厕所，把便桶放在了我床边，可我想那不是又给丈夫添了大麻烦了嘛，我咬牙还是坚持自理，剩下的一切我只能无奈看着心里着急。一个多月后一天我感觉还可以，等丈夫去上班了就偷偷摸摸试探着下地想干些什么。一次我艰难地去了厨房擦了擦炉台，可没想到当时腰疼的我全身是汗，脚像无根一样支持不下去了，差点瘫软在地上，后来我稳住神好不容易才费尽力气躺了回去，丈夫回来好一顿不高兴，让我好好躺着不许下地，可我担心丈夫年纪大了太累吃不消再病倒了，总想去力所能及地做点什么。从那以后丈夫每天上班关门前都要嘱咐一句我，别犯错误呀！就是怕我再下去干活每天上班都要叮嘱上几句，我熬了三个月终于可以放下双拐下地自理了，后来又慢慢地逐渐试着来做简单的饭菜，就这样我慢慢地试着来减轻丈夫的负担。看着丈夫瘦了很多，每天疲惫的样子我心疼得心里不是个滋味。我躺在病床上不能动的时候，心里想如果我能维持日常生活，给丈夫做饭我就满足了，可后来当我刚刚丢下拐杖的时候又不是我了，医生一再嘱咐千万要多躺在床上要养一年为好，我这个痴迷的人，头脑一冲动就什么都丢到了脑后，又拿起了画笔。

第二十章

创作的欲望

　　我坦然面对残酷现实的人生，早已习惯了这孤独多磨难的日子，偶然望望镜子，看到头上已爬上了几丝白发，一直对自己年龄没关照过的我，突然感觉到老了许多。我面对着镜子闭目伤感地沉思了片刻自语道：哦，我已经是五十几岁的人了。我仿佛感觉是照镜子的这一瞬间失去了我那二十几个春秋。多磨难的我，每天依旧倔强地寻觅着我新的创作思路，研究西方油画的色彩用于中国画的笔墨技法，我二十几年来苦心在老前辈们笔墨技法绘画创作上追求"精气神"的基础上，悟出追求意神魂的艺术高度。在创作中研究了四种表现手法，一、瞬间之美，二、似与不似之美，三、骨运之美，四、手画的古朴之美。不断追寻艺术的未来是我永恒的梦，我越发收不住全方位的艺术创作欲望，一个个涌现在脑海里的疯狂冲动之中。当我看到那次公园里搞的泥雕后，那老板送我的雕塑泥巴引发了雕塑灵感的冲动，一发不可收。再次促使我的创作疯狂，搞起了陶泥雕塑。一个个创作的作品让我把他们活灵活现地从泥巴里创作出来，男童戏蛐蛐、济公等。我开始兴奋激动，人体艺术的灵感不可思议，是控制不了的欲望。看着书上印的爱因斯坦，灵感中极速表现出一个爱因斯坦的雕塑头像。爱人是第一个观众，不爱加以评论的他，看了沉思片刻，说着"真不错"，活灵活现神态特征都神了。突然我想我是中国画家，齐白石是老前辈之一，长相很有中国艺术的国人味道，决心要搞一个齐白石的人物头雕像。我想这可是公众人物，不能随意创作，一定要找到真人照片，思考后决定去图书馆去寻找，就这样我这个说干就不等的性格，很快计划好，提前备好调和好养了几天的雕塑泥巴，当爱人上班后，我便急忙把准备好的一大块陶泥和买来的雕塑工具背上，出发步行奔往中央大街上，哈尔滨市图书馆。精神的力量让我那病体将沉沉甸甸的湿泥巴，一口气一身汗地走了半个多小时总算背到了图书馆门口。一看还没开门，我一屁股坐在了门前，擦着汗水。休息了片刻图书馆才打开了大门，我急速地上了楼，到美术书架上翻了好一阵子，找到了唯一能看清楚的齐白石的特写照片，我兴奋极了，找了个角落坐了下来，当时还没有几个人来这里，我心里暗自高兴，但愿没人来才好呢。不知道这里的管理人员能否让我在这搞雕塑，心里忐忑不安，心想来都来了不管那么多了快点搞，最好在没发现我之前搞好就太棒了。我来不及去多想，坐在角落里把那有齐白石像的书往前一放，仔细读了几秒钟齐白石的面相，眉毛、眼睛、眼镜、胡须等特点，调动起灵感来，把陶泥迅速搞成头型的大体，认真细致地雕塑起来，专心认真地投入到创作当中。很快有四十分钟吧，齐白石的头雕像栩栩如生地表现出来，头发，眉毛、五官，那半长有微风吹动感的胡须，微笑的表情活灵活现，投入得我忘了是在什么地方，坐在地上低着头，无意识的侧眼角突然看到几只脚在动，我抬起头才发现我身边早已周围挤满了人在观看，就差一副眼镜没搞了。这时突然过来一人，大声对这边喊话："都堵在这里干吗，这里还要过人呢！"边说便走了过来，一看就是个领导，我紧张地对那领导讲："对不起我借用这书和这小地方，搞好了我马上走人。"当时我已基本完成，那位领导低头靠近了，观看着我的作品："哦，艺术家搞得真不错。"便客气地给我又找了个小地方，让我继续完成，我感激地对他说谢谢，边解释道很快。我的心终于可以放松地认真雕琢，把最后的那副眼镜做好了安了上去，这样齐白石完美了，我又仔细修饰了一番，带着兴奋感激和激动的心情，告别了图书馆。这一路我小心翼翼地用从家带来的一个小木板托着那齐白石头像，慢慢地不敢快走生怕变形，因为中央大街市步行街人很多。这一路跟着我观看的人你一句我一句地赞个不停，光低头看着作品走路，没发现后边跟着走，观看的有十几个人，路过一个商店门口，那里的人跑出来观看，便关心地说："很累吧老师，到我们那里休息一下吧。"我抬头微笑地对答时，围观的人七嘴八舌赞不绝口的话语都开了话匣子。有这么多观众喜欢艺术我真高兴，一路上我很快乐，快乐的心情掩盖去累得浑身无力和疼痛，是成功的精神支撑着我，好不容易把这放不下只能托着的作品拿到了家。

那天丈夫下班回来，看到这齐白石的雕像，表情看得出很欣赏，可暗自摇了摇头说道："你就不能不折腾？"背个手"嗨"了一声，我没有被爱人的话退缩，反而总结了一下这段时间的创作雕塑的感觉和经验，觉得自己有能力，继续往更高水准进发。思考后我决定要做就做最好的，做就做最难的，当时正是我们国家在准备办奥运会，我想我们中国人都是好汉，一定要在世界上顶天立地，我决定搞一套精品水浒人物，好汉一百零八将。我决定认准的事，从来是雷厉风行说干就干，我去了哈尔滨市的各大书店查找资料，家里有水浒的书我按照人物，一个个研究他们每个人的性格、特点，所有好汉用什么兵器等等，整理了思绪后在参考资料分析了一个多月后，我心里有底了，开始冲向新的历程。

可联系不到原来认识的那家陶吧了，去老地方找不到了，没辙很是遗憾。只得到处去找雕塑原料，在各大街小巷看找有关广告，终于功夫不负有心人，在一个破旧的广告牌上看到了一家小小陶吧，我兴奋地进去，和那家陶吧的老板攀谈起来。我简单做下自我介绍，那年轻的女店主，听了我的介绍很有礼貌地和我握了握手，说很高兴认识您，客气有礼貌地说吴老师有什么我能帮您的忙吗。我向她讲了我的想法，她一口答应了，说没问题需要用多少，我分析了，要搞多大比较好，算一算用料，决定买两吨陶泥，我交了定钱，一个星期后的一天那位女店主人，果真给我送来两吨陶泥，我早已在家倒出了地方，正好爱人不在家，我又是兴奋又是担忧，兴奋的是我可以投入搞雕塑了，担忧的是爱人回来看到这家里这多陶泥袋子，一定会大发雷霆。我做好了应接的心态，怕也要面对。晚上爱人下班一进门，看到这多袋子，惊讶地说道："天呀，这是干什么呀？"我满脸抱歉的态度对爱人解释道："对不起大哥，请你原谅，这是我要搞雕塑用的陶泥，很快我就用完的。就谅解我吧。"我便说边拉着爱人的胳膊晃着撒娇，这辈子求爱人时就叫大哥，这招还很灵的，我生气的时候就叫爱人的名字陈兆杰。我爱人也无奈叹了口气，低头一边甩着我的胳膊，很生气地说道："行了行了，拉都拉回来了，我能怎么办，你就折腾吧。"就这样我在爱人面前又赢了一把。

暗自调解着心态，开始调动灵感的喷发，在反复观看研究水浒人物过程中，一股灵动充满全身，我又一次攀登新的起点，拼搏于雕塑创作之中。每天全副武装，带上钢板腰带，投入得好像身体不是自己的了，几乎忘记了我还是位体弱多病的人。我的身体完全成了我的灵魂主宰工具，脑子里充满了水浒人物中的各种形象与表情，刀枪剑戟的样式，只是一个劲头地要让作品更完美、更精彩、更形神兼备，每一个灵活地富有生命力的出现我眼前，我努力调动灵感，淋漓尽致地把握好每个人物的精彩形神，疯狂地一天塑一位好汉决不放弃，再累再难也坚持着。到了晚上浑身像散了架子躺在床上时，是静静思考明天的创作人物，打开创作思路充分调动灵感研究的最佳时间，人物的鞋子帽子刀枪剑戟，性格特点，直到胸有成竹的把握，自然满意地入睡。就这样每天少则也要四五个小时左右，艺术精品创作都来源于内在的修养与艺术题材，而迸发出不可控制的灵感瞬间之中，必须随时抓住要一气呵成，创作出来才方可灵气，有生命灵魂的体现。为了让放满房间的这两吨陶泥赶快消失掉，不让爱人看着闹心发脾气，也是为了早点把一百零八将搞完，我真是每天拼了命了。有时一天搞了两个人物，累得精疲力竭稍微休息下要把晚饭做好才是，因此我的身体在超负荷的情况下常常是力不从心，完全是靠精神支柱自信的毅力。我咬牙战胜了多方面的艰难努力拼搏着，为了抓住灵感常常饿着肚子创作，有时候饿得前腔贴后腔的，急了就用泥巴手抓过来水杯喝上几口，有时顺手拿过来什么红肠饼干的吃上两口，当然手上的泥巴顾不上去管它，有时多少也吃进了肚子，那时候你要看到我那个狼狈相可能不可思议，我的水杯和剩下的那根没吃完的香肠上都是沾着泥巴的，呵呵。

　　每次完成后，常常自己已经手脚麻木，各个关节都僵硬，成了好汉的模样，一尊大雕塑动不得了，大脑支配着自己慢慢活动着手指和身躯，每当眼前看到了自己满意的作品时，觉得他们都是我最可爱的好汉时，我那颗心忘我地兴奋，一整天没人说话，脸上累得发紧露出满意的表情时，脸紧紧的好像自己就是尊泥巴人的感觉。一时间感觉自己好笑，有时爱人不回家吃饭时，我为了多创作一个，常常连续作战，多完成一个是一个，灵感推动下坚持艰难地战胜自我的身躯和病痛，时常无奈地轻轻活动着僵化的身躯，像阿斗一样直愣愣地摘下花镜，嘴里哼着小曲慢慢伸直腰杆，活动着麻木僵硬的身体和四肢，用左右手互相揉搓着好一会儿才恢复了正常。看着自己身上套着的那宽大麻纺烟紫色的工作服上布满了泥巴，我自觉不自觉地照了照镜子，看到嘴上也是泥巴，乌黑的长发上显露几丝白发，自己低头轻轻摇了摇头苦笑着走进厨房，冷热不顾地狼吞虎咽地喂饱了饿得瘪瘪的肚子。就这样经常两顿饭并成一顿吃，常常就是这个狼狈相的我，每天充满了新的一个个的信心。创作中的日子里正好赶上中国宇航载人航天上天的日子，我就随手将这个纪念日刻在了好汉的身上。心里每天的太阳是不同的颜色开始着，新的起点新征程，雕塑创作着中国名著《水浒传》中的一百单八将，是我人生的欲望与梦想。功夫不负有心人，在顽强超人的难以想象毅力和信念过程中，我的心血灌注出精彩的精灵般的神话中的好汉。在2006年4月30日，我和爱人结婚的纪念日那天胜利完工。那天我把最后一个好汉雕好，那一瞬间的深沉与喜悦无法形容的心情，深深地长出一口气，"大"字形一下倒在了床上，全身心放松地躺在了地板上，有那泥巴手抹去了汗水，闭目思绪万千着回忆自己的创作酸苦艰难的历程。我算了算完成的日子整整用了虚两年，整整创作了八个多月的时间，我为自己骄傲而自豪，祈祷明天的太阳永远是更美好的。

第二十一章

首都北京

　　水浒人物雕塑完工的消息引来了报社、省电视台的记者采访，黑龙江省电视台做了专题报道，报刊也登载了消息，我又一次被社会认可而轰动一时。正在这时我接到了我省盟民盟宣传部的通知，推荐我去参加全国2008年迎奥运全国美术展览在北京中国美术馆展出。省里报上去三百名艺术家的作品，在等待全国专家评选，一个多月过去，没有抱着什么希望的我，突然接到了省民盟宣传部的通知，我被入选去参加奥运全国展览。以急促的脚步忐忑激动的心情取回国家正规的入选邀请通知书，拿到手才感觉是真事。看看日期我犯了难，这一百零八个陶泥雕塑，可怎么从哈尔滨运往北京呀？苦思索后还是硬着头皮和爱人求情帮忙想辙。很快展览日期临近爱人也在发愁，首先要想办法要做一百零八个小箱子才好，爱人帮我找人搞好了小箱子，可现在的工艺太差是用钉器钉子做的，一不小心就会变形，我看后自己在想知足吧，有这也不错了，我自己想了个办法，买了许多宽带胶纸回来，把一个小箱子紧紧地包了一层，拿起来翻动几下试了试，还好这样能拿起来不变形了还不错，放心了。就这样我一个个像包木乃伊似的粘贴起来，就这样我忙了十几天，一百零八个四十公分乘六十公分的小箱子，精心地都粘贴完工，高高地摆了半个大厅，这样就放心地在等能找到办法往北京托运的车了。在迎奥运展只有一个星期的时间了，我急得不得了，这天爱人给我一个惊喜，下午三点多带车和人开到了家楼下我好激动，爱人找的朋友很帮忙，把自家的面包车里的座位全都拆掉了，准备装一百零八个雕塑运往北京。就这样我又找来同学朋友十几个人，从五楼往下装车各个忙得满脸是汗水。当装一半时，发现车已满了，没辙我急中生智想到了两个作品放一个箱子里的办法，很娇贵的陶泥雕怕坏，我把每个又重新多包了几层，二归一后终于装下了，就这样一直忙到天黑快九点装完。第二天我去省民盟宣传部开了去奥运展的介绍信；给那司机师傅带上，他们往北京出发，我第二天乘火车去往北京迎接。司机师傅要开两天才能到京，一路上去往北京的路口全部有持枪部队人员盘查，因为奥运的原因非常严格，尤其是那不起眼的小面包车里装的一个个小箱子像危险物品，一道口一查，每当他们把奥运展品介绍信拿出时，那解放军立马敬礼通过。还好提前有准备开了奥运展品介绍信，一路上绿灯有惊无险。那两个司机师傅一路上又辛苦又兴奋又激动，他们说自己很幸运也算为奥运出力了而感到骄傲。两位司机师傅回哈后，逢人便讲这一路上有惊无险送迎接奥运展品的情景故事。

当我到北京的第二天傍晚，那雕塑也到了北京我的画室，我心里高兴，兴奋中有一种安全感，终于可以放下心来。两天后北京民盟宣传部就通知我去美术馆布展，我还是第一次到中国美术馆参展，还要自己去布展，我去一看各个展厅忙得好个热闹，都是自己在忙。找到了给我的位置，我便忙了起来，可馆里的一米高的展台木质的已很旧了不雅观，后来我把我女儿、女婿、外甥叫来，外甥寇小龙和我最好了，每次需要他的时候他总是积极主动，还把刚买的新车开来帮忙。姑爷夏寅也买来涂料和刷子把柜台刷了两遍白色，这样总算完工。第三天把雕塑的好汉运来，一个个精心放到展台上。民盟中央让我送一组，我没多送只送了八个，在2007年12月2日到10日展期开幕那天，我们全家带着特邀请柬赶到了开幕会场，中国民盟各位主席领导们都到位了，有中国美术馆馆长、美术专家，以及一二百民盟盟友们，还有好多来宾。鲜花簇拥着主席台，在热烈的掌声麦克风下，各领导一一发言讲话，记者们拍个不停闪着光亮，场面精彩而热闹。最后民盟孟主席特别介绍了一下参观展览厅，要坚持参观越到最后越精彩。大家互相合拍着互留言留影，好情怀好亲切。我也同领导们拍了几张合照留念，我爱人陈兆杰，女儿陈红，我四姐吴丽雯，姐夫寇国华，外甥寇小龙一家前来祝贺，自然地随着宾客们顺着人群开始参观着。那天还看到了中国美术馆收藏藏品也拿出来助兴了，当看到齐白石、吴昌硕、吴作人的作品时，我女儿羡慕极了说道："老娘，你看这是国家的收藏品，国宝级的这多精彩，多让人羡慕，你啥时能到这国宝级别？"全家哈哈大笑而过，当时我想我在努力创作不敢去想，参观后展作品我深有感触，人生如能向老前辈的大作能被国家作为国宝收藏，给后人留下点纪念当然不错，可我这辈子恐怕是难以奢望我的作品能被国家作为国宝收藏。在展之前中央民盟出了一本这次全国加上所有参展作品厚厚的画集精装，当然我的作品也在其中。很快画展八天瞬间过去了，中央民盟宣传部通知去取回作品，我请老伴一起去取，坐在去往美术馆路上的城铁车上，正在犯愁那八个小箱子也是不小的，怎么拿回去时，我突然接了个电话，是中国美术馆领导打来的，说让我去美术馆见他，说我的作品被收藏。我以为是私人要收藏急了，我说不成，你收了，我就不成套了一百零八个好汉不能分开。城铁信号不好一句话两句话也说不清楚，那领导让我去他办公室，我说我找不到，我就知道展厅我那里，那领导说好吧，你到那里等，我去找你谈谈。就这样我和爱人来到展厅等了一两分钟，那位领导还有三四个领导有我们民盟领导两位都来了，我不知发生什么事了，这么多领导都来了，心里不安，那些领导分别和我谈了情况，讲是国家收藏我的作品不是私人，是作为国宝收藏，是经过国家专家讨论后决定的，不是随便说的，是荣幸是最高荣誉，是一般人想都不敢想的好事，一般人想让国家收都不会收的。各位领导你一句我一句的，我才明白心痛紧张地同意了，美术馆领导派人，拿来了合同让我签了字，接着很正规的仪式开始了，我从没见过这样庄严，正规的仪式，有六名穿着西服领带的一样高的女孩，手戴白手套，严肃认真地向我敬个礼，把我那八个好汉作品轻轻地用心认真一个个包好，放进了我那小箱子里盖好封条封好后，六个礼仪小姐加上保安四个一边五人整齐而庄严地向我敬个礼后，便整齐地护送到国库去了。我心里说不出是什么滋味的心情和感觉，是难舍难分是高兴又高兴不起来，恋恋不舍地目送着远去我那八个心爱的好汉朋友们离开了我的视线。

美术馆收藏证书

　　我把这消息打电话告诉了我女儿，说不用来车拉作品国家收藏了。我是很伤感的心情告诉女儿，可女儿那边特兴奋，说好哇好哇是好事呀，我还没有去调节好心态还在不舍中，女儿女婿一时间兴奋地把消息发到朋友圈里，一时间他的同学朋友们都发来祝贺，共同分享着快乐。就这样奥运展在没有想到的一生中有着纪念意义中圆满结束了。在这四年前2004年那年，女儿结婚时我们在北京已买了自己的房子，国家有政策独生子女户口在哪父母可跟随，就这样我们顺理成章地把户口落到了北京，家也随着搬到了北京，我民盟的关系和医疗医院选定都办到了北京，从此首都北京就成了我们第二故乡。

第二十二章

放慢了脚步

在繁华美丽东方小巴黎哈尔滨的都市里，在不知不觉中人们悄然流传着我的故事，我留下了我的童年，留下了苦难病魔中艰难绘画历程的岁月，梦一般半隐居度过了二十几个春秋，难以忘怀的画室和那困苦的生活，大半辈子的故事回忆深深地留在了故乡。来到了第二故乡首都北京，这几十年虽说我活得很累很苦，可我追寻艺术创作灵魂，像遮不住的蓝天，在精神上很充实，我在属于自己有限的净土中，在无限的绘画艺术陶醉里，深感艺术创作是我生存的精神食粮，是我人生精神支柱主要部分之一。

在离开故乡之前，我几个姐姐来看望我，开玩笑中称我是三等残废。虽说是个玩笑，可我听了真地意识到自己的身体状况也真是三等残废之人。我告诫自己决不能让自己的心也成了残废，我意识到今后的日子里，为了明天的太阳也要把保重身体拿到日程中重视起来，要像动画片里的一休哥那样，休息一下也未尝不可，但决不能做命运的俘虏。

生命在于运动，我面对现实人生坚持着晨练，我是一个在坎坷命运中磨砺过从死亡线上爬起来的人，什么磨难都能对付。我这个爱哭懦弱的"小尾巴"，早已不是小时候的我了，我悟出了人生的道理：自信的精神是战胜一切的力量源泉。成熟的我懂得有健康才会有今天的耕耘，明天的收获，如果有一天我也会像秋日里的落叶毫无选择地离开，在这个世界上我不会有什么遗憾，因为我一直努力伸展着自身的能量，即使在太阳西下也会留下夕阳的余晖。

我到了第二故乡首都北京，开始了新的地方新的生活。女儿生娃了，是个女孩美丽可爱，人生中我又一次升级了，当上了姥姥。这姥姥可是要付出的哦，就这样我要每天看着阿姨看着外孙女，别让阿姨照顾得不好，日常科学喂养规律才是，偶尔控制不住要跑到坐车一个小时的画室去画画创作，有时灵感来了疯狂时便在画室住两天赶快一大早天没亮再跑回去，看外孙女别让阿姨抱跑了，哈哈。老人说隔辈子亲还真是，一两天不见挂念得不得了，小孩子一天一个样好可爱哟，我的腰手术后也不成抱不了孩子，只能在五个月之前抱抱我外孙女。我丈夫一心要干他的事，退休总是放不下工作的感觉，一个人跑到海南去干他的事业去了，这样我一直陪着外孙女和女儿，太爱我外孙女了，认真地看着阿姨要科学喂养，什么时候喝奶，什么时候吃水果等等，看的严格不经意给看跑了十几阿姨，我画室两边跑着。时间飞快就这样外孙女快两岁了，我可以轻松了点，我心里那疯狂的创作欲望又点燃，一心要创作出自己独到高品位的意神魂的风格作品。风靡的灵魂锲而不舍的那鼓劲又控制不了，每当有空闲和来了灵感便急三火四地奔往画室，一路上一个个创作题材喷发出来。荷花的气质精神在自古诗人文人的笔下让我如痴如醉，荷花的高雅品格气质是我人生的写照，我的灵魂同荷花融为一体，开始了新里程，一幅幅拟人化的富有生命灵魂的荷花魂，在我几十年的酷爱和研究中大胆的创作出"画中画"的荷花魂系列，从古人从自我中艰难的灵感中跳了出来，一时间我兴奋激动长叹，心情仿佛几十年的郁闷释放了出来，一连几天闷在画室里创作着，仿佛灵魂终于找到了归属，一幅幅拟人的荷花魂，少女独舞、达摩拜石等，疯狂创作过后，身心感到疲惫的，坐在摇摇椅上思忖着，自己这人生一路走来艰苦的历程，自己告诉自己要放慢脚步慢慢生活吧；名与利对我来说并不重要，重要的是我的人生把自身的能量尽可能地发挥出来，给后人留下有艺术价值可研究的高品位的艺术佳作。几十年全方位的诗词歌赋琴棋书画武剑等，德才的修炼终于有了突破，有了收获深感欣慰，今生努力释放了自身的能量便无悔。在京顺其自然的日子里在创作之余，又收了一名学生叫曾北，和这位学生妈妈是搞摄影的马杰很有缘，成了很好的朋友。不久马杰又介绍了一位她的朋友叫刘丽芳，和我更有缘也叫丽芳，是一位很有水准很专业的美术评论作家，在后来的日子里这两位有缘的女士是我离不开的好友。

　　在痴迷创作的日子里，一天自我创作的收获感到很满意，心情心态不错便想独自放松一下，换件喜欢的衣服走出画室，来到近处的文化市场逛街散步。这天通苑市场是新开发的很大有计划地发展着，听说要在这里打造北京第二个潘家园市场。我漫步在大街上准备看看画廊之类的地方，这时我看到大街道边上有一排排铁皮小房子，有的已出租在开业了干什么的都有。我便去看看热闹，无意中问了问多少钱出租一个月，当我一听一个月六百时，没想到，哇，太好了这么便宜呀。我突发灵感想自己口袋里刚收的学费有两千，干脆我也去租一个月的，在这画油画不错。我便去了办公室找到了负责人，谈了我的想法，那负责人讲不可以租太短最少要租三个月的，我一激动就租了三个月的，交了一千八百元，就这样自己开始折腾起来。反正也不远，我一个人忙了起来，用买菜小车一趟一趟地往新租的小门市里拉要用的东西，四周各古玩店的老板纷纷前来拜访，说：欢迎您吴老师您来，给我们这里的小地方带来了希望，您来了让我们的前景看好。他们还建议我挂几幅画才好。我听了大家的意见画了几幅画装裱上准备挂上。我忙了两天，办公室的一工作人员拿来一大挂鞭炮对我说放个炮吧，这里都是这样，我说"让你破费了。"她说吴老师，您给我写个字送我女儿吧。我说没问题。随后又有好几位古玩店小老板过来说需要帮忙不用什么言语一声。又有一位直接拉来了两个石榴古树木段送我做画案座。好热心的人，我说怎能收你这贵重的礼物，他说吴老师认识您很高兴，到时候您给我画个荷花就好，我说那好交个朋友也好。就这样我的小画室搞得像个样子了，就这样准备第二天放炮。这天我忙了起来，一个人挂画挂到快到七点了，外边天色已黑，还在饿着肚子正准备挂好画关门回家，这时只见门前有一辆小车亮着车灯开来，停在了我的小店门前，开门下来一名四十左右穿着讲究的男士进了我的画室，打了个招呼说您好，便自己仔细观看起墙上的作品，一看就是十几分钟不走，可我急了，便问先生您有事吗，他回答道："不好意思，老师这都是您的作品吧，我太喜欢了。在这小地方有如此好作品，我好想收藏几幅，可不好讲这多少钱。"我一下有些不知所措，还真没想卖过，我思考片刻回答道，不卖交友可以，有缘人给个笔墨钱就可。他兴奋地说："太好了，老师您说多少都可。"我随口说道："就算送你了交友，一千一幅吧。"那年在哪里都是古玩小店几十元一幅，没有没几百元的。那先生像抢画似的用手一一指点着这四幅全要了，我傻了，墙上没几幅了，这时他把几千元交给我就要拿画让我给他包装一下，我这里什么都没有，便让他自己去门口打印的店里要来包装的东西包装好放到他后车后。打印小店的老板出来看了好久，这位买画的先生还不走，认真地邀请我去一同吃个饭，我盛情难却就答应下来。可心里一直不太把握，没接触过社会怕是坏人。去饭店的路上，这位先生自我介绍着他单身三十七八岁了，一直想找个有品位的女士可一直不如愿。我一听明白了，他的意思更是觉得不该去和他吃这个饭，便马上解释道："祝你早日如愿。不过我还是觉得你停下车我回去的好"，他说朋友吃个饭没事吧，他还是往前开着我有些怕了，赶快说那还是在这近处吃点好了，他看我这样坚持也就听我的拐进一家别致的农庄饭店。在交谈中他客气地说，"冒昧了吴老师多大了"，我"哦"了一声，"老了快六十了"。他睁大了眼睛惊讶地说："老师真抱歉，我还以为和我差不多，对不起。"我说没关系这很正常，有好多人这样误会，也不奇怪了。我的年龄和我的相貌相差二十几岁，那位先生边打电话边对我说："觉得和您交谈是一种高品位的享受"，随口他讲到"老师您别多想，我再找个朋友来陪您一起吃。"就这样又过来一位他的朋友，我们三个人进餐。我急匆匆地简单吃了几口便告辞了，那位先生礼貌尊敬地为我打了个车送我上了车，我一下子好像有了安全感。回到了画室自己真有些后怕，赶快给女儿打了电话说了此事，女儿批评了我，我也自我检讨着，这一夜在工作室里又高兴又后怕的心情缓缓地沉睡到天亮。第二天是办公室要让我放鞭炮的日子，我一睁眼天已大亮，紧忙着吃口饭赶往那小店准备，又简单布置了一下，把买来的草帘子都挂上墙上，使小店更加古朴，感到有大自然的艺术气氛。我的画作昨天晚上被人买去一事，没到小店时就已一阵风地传遍了这一片市场。我到那里不一会儿，各个小店的老板纷纷穿着讲究地前来拜访祝贺，这时管理部门的也来了，在大家祝贺的欢笑声中放了鞭炮，还很热闹很喜庆，就这样一天里客人不断来访，我一天都在接待着，忙碌快乐的一天过去了。晚上我回到画室准备着第二天创作油画的材料和画布，开始了我的油画创作，在那小画室里一连画了半个月画三幅油画，一幅是天使少数民族少女牵着一个骆驼；一幅是我临摹达·芬奇丢失的画作《玛雅和她的玩偶》；还有一幅是西藏壁画飞天。画油画累了我就画画国画，那几天去观看的人不少，常常有古玩店的小老板去我那里聊画。喜欢我的作品还买不起就唠叨。还有一些摆地摊的自由商贩来我这问我，"吴老师晚上在这住不，你老公在这不。"我都是胡乱地回答他们，还有人在我画的废纸堆里翻来翻去，问有没有废画可以给他。我都烦了，可恨的是每当早晨我去那小店时，小店的邻居总是抱怨说他晚上休息不好，有一点声响就害怕，怕是来盗窃我的画作的不敢睡觉。我思考后决定不在这创作了，可和那办公室讲了他们说一律不退款。我一气之下，不退就不退，算了一下我卖几幅画算起来还是赚钱了，就一不做二不休搬了回来省心了。我大笑着自我安慰，玩得还不错嘛，回忆那小店的故事，还认识了几位朋友，卖了几幅画，虽说卖便宜了，闹着玩呗。

我老公一直在海南折腾他的事，日子过得好快，一年又过去了，我外孙女快四岁了，我女儿又决定要老二，说自己是独生女孤单，不能让她女儿和她一样。我不太主张，但也不能太反对，就这样女儿还是怀了老二又把我拴住了。本打算去海南陪老公，这样就去不了啦，一直陪女儿产检。我女儿是我这辈子最优秀的作品，可棒了。怀孕一直在上班工作，离生产还有一个月，还在开车去市里学习，要考她们国际级别考试，写论文还要答辩，她手下还要管理几十号硕士博士搞软件设计等。女儿在生产前一个月，就计划将工作安排好，每天中午吃过饭，安排员工谈心聊工作上有何困难等，离快生产一个星期时，便和上司大头谈答辩能否提前，不然她要生孩子了。她的上司也很感动也很感谢便答应了，就这样女儿提前特批提前答辩，一连几天一个一个的上司来这里为女儿答辩，女儿精彩地一连几天终于考完了答辩。这时已是周四了，周五时女儿去单位收拾东西，对她手下的同事们说一句，"兄弟姐妹们，再会，回家生娃了"，便洒脱地回了家。她前脚走后脚那些同事们就议论，这要是明天生就太精彩了。女儿星期六回家来时，我做好饭刚要吃，她那边肚子开始痛了，我急忙把饭带上点，胡乱给外孙女吃了几口，便和女儿领着外孙女打的奔往妇产医院。这一路上遇到了位好司机是位中年人，懂得要生娃的状况，心地善良的他一路上开得又稳又快，女儿在强忍疼痛，司机也急得不得了，边开边担心去往妇产医院的必经之路堵车。我们几个大人都在祈祷上帝保佑，菩萨保佑，小外孙女一路上闷闷不乐，她妈妈看出来了，便问她为什么不高兴，她慢吞吞说："妈妈为什么要生小弟弟小妹妹呀？"哦，没想到她还有这想法，我女儿对她说："好和你做个伴呀"，我外孙女点点头，哦，"是这样呀，那好吧。"这一路还真是好像有神仙们保佑一路顺风，那司机都感到惊讶天天都要堵车的地方竟然没堵车，我们几乎异口同声地说阿弥陀佛，上帝保佑。一个半小时从回龙观开到妇产院总算松了一口气，那颗提着的心总算不那么紧张了，我和女儿赶紧去妇产科，医生看后说赶快住院要生了，急忙办了入院，进了产房，我的心一块石头才算落了地，赶快给姑爷打电话，一个多小时后他爷爷和姑爷都赶过来，这时已到了下午四五点了，姑爷今晚留着陪女儿，我和她爷爷还有保姆外孙女一起回家了。我一夜没睡好，祈祷女儿平安，最好明天我在时生娃。果真如我愿，第二天我去的时候，女儿听医生说爬楼梯有利于生娃爬了一个多小时，晚上刚睡下一个多小时，到了后半夜一点多，女儿叫醒我说有要生的感觉，我赶紧找来医生过来检查，医生说赶快进产房，我又急忙给姑爷打了电话，姑爷开车一个多小时赶了过来，正好女儿还没生，进产房陪女儿生产。还算顺利吧，我焦急地在产房外等待两眼盯着视屏上产妇的名字，耳朵认真听着从里边传出的婴儿的哭声。正焦急的时刻，突然听到里边传出了一声很大的婴儿啼哭声，我一口肯定地对一起等待生产的别的家属说我女儿生了，这孩子哭声一定是我家的，我喜悦的心一直在等待消息。可那姑爷只顾自己高兴生了个儿子，一直自己盯着母子俩一分钟没离开，一直等一切搞好了才出来。我望着女儿娘俩出来了，心总算一块石头落地了，刚才那哭声正是我外孙，看来血缘是相通的。女儿一开始没奶，我为了女儿能有护士好的关照，和那里的负责医生联系了一下，自我介绍了一下给她一张名片。还好那位医生是女的，一听说我是画家，上网一查还很有名气，变得很感兴趣。我送她一小幅画拜托她多关照一下我女儿，她满心高兴地对我女儿很关照。我回家为女儿准备产妇的鸡汤、鱼汤等，那天是11月28号，北京下起了第一场大雪，风雪交加的我一下地铁便不顾一切地去市场买乌鸡和鱼，回家便忙了起来，一直做到后半夜才搞好鸡汤、鱼汤，只躺下眯了两小时，天还没亮就赶城铁五点第一趟车赶去医院，累得我精疲力竭，在车上算是休息了一个小时。就这样我一忙了七天，她婆婆不在了，我一人撑着，怎么着也是快六十的人了，又往返几个小时一趟，身体都有些熬不住了。终于扛到女儿要出院了的一天，我终于胜利了，拖着这个多病的身体，完成了一个母亲爱女儿的心愿，好像心里和全身都觉得舒服了点。女儿坐月子她公公和他们在一起生活，我在那里自己又没能力照顾月子，无奈就是想陪女儿也不方便。女儿雇的两位保姆已到位，住院七天后女儿顺利地出院了，我想去海南陪老公，心里有些过不去，不好意思向女儿提出。过了几天，我一个人在家也是孤独，也有一年没见老伴儿了，他也需要我照顾，就去女儿那里向女儿提出来要去海南，女儿孝顺理解，便给我买了机票，就这样我独自飞往海南。

第二十三章

海南情缘

女儿大学毕业后给海南搞设计，住在海南文昌，说这里人文好，空气好，所以前几年我们冬天去海南文昌时租房子住在那里感觉很好，因此常来文昌在那里租房子过冬。前一年租的房里没电视，就买了个几百元的临时用了。可走的时候就是麻烦事了，也没个朋友，那年我正犯难时，喜欢古玩的我，路上看到一家卖古玩小店，我望了一眼看到了里边的一尊观音木雕，便进了去看了看和那小店店主聊了一会儿，觉得那年轻人不错，便无意地求他帮忙能否把那电视卖掉，在聊的过程中他晓得我是个画画的很感兴趣，便留了我的电话，没想到那年轻人还真的来了电话说帮我把电视卖了，我很感激他的真诚，也感激观音和那木雕像，后来知道他是位退伍军人，三十岁，我感觉他人品不错，我对军人印象都不错，便决定交往这个朋友，为他画了一幅画送了他，他海南的叫法叫阿东，认识我他很兴奋，也很感激。我们都感到很有缘分，这次我来之前老伴儿自己在这谈事都是住宾馆吃饭店太破费了，我来了就准备再租个房。当时我在京时就和这小店的店主阿东说了此事，他说就住我这里三楼喽，闲着也闲着喽。我来后就和老伴儿在他那里了，心想这年轻人不错，我们人生地不熟的同年轻人住一起互相有个照应，这年轻人和我说，不要我们钱就交个水电钱就可，那小三层楼是他租的，我想不管怎么哪能不交房租，于情于理不通，我问了二楼交多少我就给他多少钱了。就这样我们决定在他那里住，看了看虽然说不太方便条件很差，觉得还是有个熟人好些。当我们搬进去时，没想到那小店主阿东为我画画用的一切都已备好，画案画笔墨色都为我备好让我好感动，就这样我们安顿下来。平日里得到了阿东的不少照顾，我有什么事他都细心帮我，很支持我画画，我说我想画油画他便不做声去为我买来油画用笔色等，我心里真的好感动很幸福，其实他挣得也不多，能为我做这些我很感谢和不忍。我平日里，方便时就为他画一幅画送他表示感谢，我们聊绘画也都能聊到一起，这也是缘分吧，日子久了仿佛阿东成了我的知己，我的电脑不会了出了问题他就会有求必应，我把他当成自己的孩子相处，有时让他一家三口来家里吃个饭，日子过得很快乐。一天晚饭后我和老伴儿去散步时，看到大道边上再挖地沟丢掉几个工地挖出来的木块，突发灵感想捡来雕刻几个字还不错，老伴儿气得不得了说："你这个名画家捡破烂，让人家看了像什么样子。"我没听他的，我想这废品利用有什么不好，我捡了回来，洗刷干净后，买来砂纸自己再打磨，阿东不作声默默地拿出电动的工具帮我打磨，我心里感到从未有过的幸福，这辈子还没有人外人这样默默地帮过我。在阿东的帮助下很快就磨好了四块木块，这木块高二尺宽四十公分，不错的松木我很喜欢。我到早市找了木雕的工具，开始叮叮当当地创意发明，雕刻了两套字，"福如东海"，"寿比南山"，字上了绿色后又整体上了清漆。看上去，是还很不错的艺术品，可当凳子来坐，大家看了都赞不绝口，我觉得利用的不错。

就这样日子过得飞快，一年多过去了，我和阿东无话不谈很投缘知己的感觉，他很照顾关心我，一次我换了双新鞋子把脚磨破了流血，阿东看到后没有出声便出去给我买来创可贴，我很感动感谢他。日子久了我们的感情起了微妙的变化，但我们都非常注意尺度，我年岁大了也没什么，看得出阿东他是很痛苦的，不过我们都很自律自尊，保持着自重的距离，这段情缘使我理解年龄不是情缘的距离，人生很奇妙，为了保持那份清高和自尊的人的品格，我们都保持着距离和尺度，不去破坏不去打破，让那微妙的情感留在心灵深处再深处。我和老伴决定在海南文昌这里买房，我回了一趟北京把买房的钱取来，在东郊镇上买了房，可房还没交工。因天气热，阿东那里不能洗澡，我决定换个地方，就这样对我们都好些。我又租了个大的条件好的房子搬了出去，从那以后，不知为什么我和阿东成了陌路人，见面不说话了。人生就是这样没有不散的宴席，但我的人生中还存在这段故事，美好情感的回忆。搬出后我搞了个工作室，又一次充满了创作激情的灵感，又控制不了发疯似的创作着心中理想的自我画中画的风格荷魂，就这样每天痴迷地投入在创作中，直到疲倦了感到累了才换了口气。同时收了两位学生，虽然很累但感到很快乐很充实。可那些日子里不知为什么莫名其妙地总是梦到我去世的母亲，我三姐吴丽宾在哈尔滨给我打电话说她也总梦到母亲，便对我说一句，妈喜欢我们俩不是你梦到就是我梦到妈。一天我独自睡在一个房间，夜里后半夜三点多，我一下醒来觉得上不来气不舒服，想起身又动不了，一点儿力气都没有，想抬起胳膊也抬不起来，想喊爱人也说不出话来了，可心里明白，头脑清晰，无奈我不知这是怎么了，只有耐心躺着等待老伴儿起来。就这样熬到了天亮，看到老伴儿起来我强努力讲出来几个字给我量一下心跳，老伴儿哪里知道我很严重的状况，他让我把胳膊抬起，可我一点都抬不起来了，当量完心跳后，才得知我心脏跳动只有四十几下，我躺在床上静静没动，慢慢恢复着体力，直到能动了我才有力气起来，马上去了医院看医生，医生说很危险的，我那时候心跳很容易就过去了，给我开了药，慢慢地养了一段时间，身体感觉好多了。天有不测风云，哪里想到我正在兴致勃勃地搞一雕雕塑时，接了一个大姐的电话，她从来不来电话，突然来电话还问我好吗，我说好，她那边说好就好就放下电话了，可在放电话那一瞬间我听到了大姐的哭声，我马上打了过去一问，才听到了没有想到的噩耗，我三姐一早买菜车祸去世了。我顿时失控了，我最爱的三姐走了！我一分钟没等马上给女儿打电话给我买机票，女儿很懂事买了两张去哈尔滨的机票，当天我和老伴儿就飞了过去，这次的打击严重的伤感，让我在痛苦中更加认识到了人生的无奈，生命的脆弱，至今我思念从小最爱我的三姐的音容笑貌，没想到我们兄妹八个，是她先离开了我们。人生如梦，我想我们活着的人更要珍惜每一天，要快乐地生活每一天吧。我不断地调解心态，要放下再放下要淡定再淡定，名与利又如何，就这样不断地放下再放下不去想了，姐姐在天堂，不会再有痛苦。

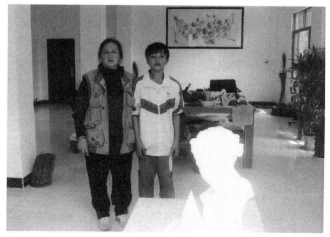

和海南的学生合影

湮

　　我们在海南一直没有回京，老伴儿搞了个小小的工程，一直不是很顺利，他退下来后一直不甘心，自己一身的本事没有发挥出来，总想去做事。我想随他去吧，不然他这辈子会后悔的，他是个干事业的人，停不下来，如不让他干，会生病的，一切顺其自然吧。就这样又过了一年，我们买的房子快交工了，我兴奋地老早去订了家具，那卖家具的老板听说我是画画的，去网上查看后说很高兴认识我，想交我这个朋友要收藏我的作品，因此我买家具时，有的是送的有的只收成本，这样我买了一些中高档的实木家具，又过了半年我们买的房交工了，我们开始装修一切。和从前一样，这辈子装修、买家具，家里的一切都是我一个人的事，我精心设计了一下，从美术角度按自己喜欢的风格进行装修，简洁艺术。我又去买来一切电器，电视是在文昌市里买的，其他是在东郊镇上那个叫陈勇小老板店里买的。我去买电器时，那年轻的老板对我很好很照顾，我在文昌市里买的电视不知为什么看了不到一个月就出了问题拿去修了，东郊电器老板陈勇小老板听说后，马上搬来一台新的让我先看着等修好了再还他，让我很感动。为了感谢他，为他写了感谢信还在上边画了一朵牡丹，后来他上网看我的信息，很高兴认识我，我看这年轻人很好，从此我们相处得像亲人一样，我把他夫妻俩当成自己的孩子一样，他们也是把我们当成亲人照顾，时常来看我们，手里总是买点吃的用的来，我们还真是有缘。就这样我和老伴儿快乐地搬进东郊镇的新房。在海南文昌搬了几次家，全靠我的天使我的学生杨恩耀姐姐杨叶成了，找车找人，她真是我的天使，像个男孩子一样仗义，有求必应，她一直关照着我。

　　上帝和佛祖都和我有着前世的缘，都是这样厚爱我，我在海南也是与时俱进，上网、加微信等，我加了我们民盟全国的群，又加了全国各民主党派的群，感到很快乐，好像和家人在一起似的亲切。一次我看到一位叫蔡少青女士的名字，好像我小学的同学，便和她联系一下，可是同名不是一个人，当她知道我是北京来的，又有一个女儿在北京工作，这边只是我们老两口儿时，很善良地说："以后我就做您海南的女儿吧。"真是意外的福气，我也高兴地接受了这个天赐的缘份，没想到少青很像我的性格，说一不二，没过几天全家开车从海口来看我了，真像亲闺女一样，一点不陌生，仿佛很早前就相识。干闺女买来了好多老人吃的营养品和水果。一进门就亲切地叫我老

226

妈，我当时好像在梦里好幸福，就这样我多了个干女儿。蔡少青在海口医院工作，我生病时都是她忙来忙去给我看病，我感到真得多了个女儿好幸福哦，要感谢上帝，感谢菩萨，把天使送给我，让我快乐幸福。

在海南工作室给学生上课

　　搬到东郊后，我又租了一个一百六十平方米的一楼房做工作室，门前绿化种植了一些小菜，搭了个绿植物的小路走廊还不错。可那个邻居很不友好，素质很低劣，总没事找事，一会儿说你在屋里说话能小点声吗等等。我从小就热爱艺术热爱各种乐器，一般都是我自学的，可我喜欢古筝不能自学，因为古筝是五音七音中那两个音需要一琴弦弹出两音才可，年轻的时候一直没能有机会，没有时间去正规地学习，我想现在虽说六十多了，但终于可以挤时间学习古筝，圆了我儿时的梦。正好我的学生韩钰，也就是我干女儿的孩子在学古筝，我便去他那里学习，不过很远要到海口学习。这次老伴儿还很支持我，每次去海口学琴一大早还送我上车，我很幸福。一次我去海口上课的车上，因我的腰手术过，一上车我便看看有没有座位可没有，这时在我旁边一位四十左右岁的女士看出来我想找座位。便为我让了座位，我很感动很是谢谢她。不一会儿我旁边的人也下车了，我便说你也坐吧，她便坐下来和我攀谈起来。她介绍了自己叫戴玲；她说："看你的穿戴很特别很有气质，我喜欢你，便问我你是不是搞艺术的"，我说我只是个画画的，可上网上查一下，我要去的地方还要十几站，很巧她和我一道，她马上用手机上了网看到了我很兴奋，我们路上聊得很好。她问我去哪里，我便把我去学古筝的事告诉她，她很热情地马上就说我有位朋友就是教古筝的，我问一下她，免得你要去那么远的地方，就在我们这里学好一点了，就这样我们互留了电话，没过两天她真的来了电话，说黎渊柳和李晓玲老师开的雨诗古筝艺术中心，老师说只要你去她那里学古筝一切免费，我好高兴，好感谢她们的欢迎和厚爱。就这样我和戴玲约好了日子，决定去那雨诗学校见校长和老师。我和戴玲又一次见面，一下车戴玲便来用她的小电动车接了我一同去那古筝学校，见那位古筝老师。那个学校是刚刚开业的，好多老师们都喜欢我，给我当时弹了古筝曲很好听。就这样我去了这里学习古筝，当我第一次去上课时，更使我没想到的是，那位校长黎老师为我单独搞了个工作室，还备好了我一切绘画用的用品，画案画纸笔墨，还有让我休息的一张床被褥等，我看了很是感动。第一次课是黎老师给我上的，后来他忙就安排了学校最好的李秀翔老师给我上课，这老师教得很好很负责，我很满意，就这样我高兴地在那里学了快一年的古筝，为了报答，为学校画了一幅整张画纸的牡丹图画作送给了他们，来作为感谢和报酬。我怕给她们添太多麻烦就自觉地学到自己能弹曲子便告辞了，非常感谢戴玲和那学校黎渊柳和李晓玲、李秀翔老师。

在去学古筝上课的一天，我上完课在楼下一家快餐店吃饭的时候，对面坐着一位四十多岁的一位女士独自吃饭，便自然地说了几句话，那位女士看出我是搞艺术的更加喜欢我，想和我多聊一会儿，可我急着赶回去的车，便互相留了电话。后来她到网上查看后很激动，几次要来拜访我，我都推掉了，第六次要求过来，我觉得她很真诚便同意了。这位女士叫赵永彤，彤很有心，在微信里聊的时候无意中听说我喜欢吃榴莲，便买来一箱子榴莲等，她和爱人开车从海口来看我，我很感动，我们一见面便像从前就是老相识一

在海口雨诗古筝艺术中心弹古筝

样亲切的如亲戚一样，她爱人也如此，很高兴我们相识，高兴地说下次把你孙子也带来，就这样我们就像亲戚一样地来往，他们很敬仰我。彤也是一位多才多艺的女士，能歌善舞也喜欢画画，我们成了知己，就这样我全国的友人越来越多，他们都很真诚很敬仰我，和我有相同的性格，我也很喜欢他们，这可能都是前世的情缘吧。

　　在这个信息时代，我在网上结交了不少民盟朋友，在全国各民主党派群里也认识不少朋友，相识了民革的焦学恒和王建平，他们都是很欣赏喜欢绘画艺术，素质修养性格和我很有缘分的好友，在网上群里有缘还结交了全国各地的喜欢我的小朋友，有广东的冯国强是搞根雕的，贵州的李刚是搞骨化石的，全国各地有缘友真诚的人品和我相同，有缘是亲人，敬仰信任我让我感动，我们没有交往过也没见过面，可缘友们毫无顾忌地送我贵重的礼物。第一次国强就送我一尊一米多的樟木雕笑佛，李刚也同样不相识送我了几块贵阳龙骨化石，让我不得不交往这些全国有缘的真诚朋友。可我无功不受禄，便画几幅画送给朋友们，友人很是高兴，从此全国各地的缘友们成了亲人般的好友。尤其是冯国强和我无话不谈，有时我心情不好，也和他唠叨唠叨，他便开导我一番。我这个人就是这性格，觉得人生都是过客相识有缘都是亲人，我是个直白真诚的人，有缘相识的大多都和我一样品行走到了一起吧。不久我在网群里又相识了上海笔名庄佳的庄春燕，有一天她对我说吴老师我不想叫您老师了，我说："随便你一个称呼什么都可以"，那边只见她说我要叫您妈妈。当时我正和我女儿在微信讲话，便顺手打上去说全国叫我妈的太多了，有点招架不住了，便顺手发了过去。本来是发给我女儿的，可不小心发给了佳佳，搞得我很尴尬。可佳佳那边哈哈地乐说，那我也要叫您妈妈，我们是前世的缘。我真的觉得是缘吧，就认了这个干女儿了。这个干女儿还真对我像亲女儿一样，有一次在她问候我身体好吗，我无意中说胃肠不好，她说怎么不好，我说多年创作老毛病了，胃炎结肠炎。我说者无心，可那边佳佳这孩子听者有意，在上海托人找了最好的医院的最好的教授医生给我开了药，要给我寄来，向我要地址，我说你把卡号给我，我给你划钱过去，可那边佳佳说，妈妈这是我做女儿的心意，你不给我地址，我就飞过去了。没想到上天为我送来这么好的孩子，只得让佳佳寄过来了，别说我这病还是头一回吃这么对症的药，吃了一天天见好。佳佳很懂事，接着邮过来两次，我真的很感动和幸福。我只有绘画是最值钱的，也有收藏价值。就画了一幅画寄了过去，佳佳很喜欢很兴奋，我心里也有了安慰，因为我不想欠任何人的情，心里会不安的，包括自己的孩子。可没想到这孩子一连又给我寄来蚕丝被子等，真是前世的缘吧，半年后和她合作的一伙伴蒋国梁比佳佳小一岁，也敬仰我喜欢我这老太太，也同样认我叫妈妈。一次，佳佳给我寄来大闸蟹可到海南太远，全坏了死掉了，不能吃了全丢掉了，心痛得不得了，可惜孩子这片心了。国梁听说后马上又给我寄来了一份，这两个孩子让我感动，我幸福好激动，他们人很有素养品性也不错，就这样我多了一个又一个喜欢我的孩子们。其实在海南这里，已有两位有缘的孩子认我做干妈妈，是前边讲到的东郊镇上的牙科医生符国兴，这些都是我这几年有缘相识的孩子们，还有两位没叫我妈妈，可一直像孩子一样关照我们，就是这里的电器商店的老板陈勇夫妻俩。我还有一位可爱的天使，我的学生的姐姐，前边讲过的杨叶成，有求必应的好孩子。这些好孩子和好友在我六十多岁时能和我有缘是我的福分，要感谢上苍，感谢上帝和佛主、菩萨，如此厚爱我。

第二十四章

快乐的田园生活

　　我随着年龄和心态的调整，不断地淡定下来放慢了脚步看淡了一切，什么名利金钱都无所谓了，只想慢慢品尝美好的生活。时间过得飞快，又过了大半年，每当我在画室上午九点多练琴时，那旁边的邻居总是来打扰我说："吴老师你能不能不练琴。我遇到这样的一个邻居，每天搞得我好烦，就这样我很快退掉了这个租房。又过了几个月，我感到没有了工作室实在不方便，好多来访者不方便接待，就这样到处寻找着理想的工作室。我想要一个独立安静的有个二三百平方米的院子，再有两棵椰子树，房子小点不要紧，独院就好了，再离家近的。唉，太难找了，老伴儿不太同意，说我太累了，可我自己不甘心暗地里找着，我当时边找着边暗示老伴儿有合适的我还要搞个画室。就这样挨个地

圆梦园吴凡工作室大门

方问着，当我在街上和一位老阿婆聊起要找这样条件工作室的时候，他儿子出来问我，听说我是画画的很是敬仰，积极地帮我去找，便留了电话。他叫李兵，认我老姐，用车子拉我去看了几个地方，都不理想后他说："老姐等我再找找看。"我自己也在每天找着，一天我想别老是一个方向找，换个方向找找，还真是巧，老天不负有心人，远在天边近在眼前，就在我买房的过道斜对过，我那天突发灵感好像有人在指点一样直接走到那里，看到了我理想的院子，有二三百平方米，院子有一座新盖小房子，还真的有两棵椰子树，和我想的一样一样的条件的，就像为我安排的，门前挂着招租的牌子，上面有电话，我当时好兴奋，毫不犹豫地打电话过去，联系上后他们很快就过来了，我心里决定租下这房了，和他们简谈了谈价格，定好第二天我们交钱写合同，就这样我自作主张租了下来，柒佰元一个月，我觉得还可以能接受也没告诉老伴儿。

哈哈，我心里好兴奋，鼓足了干劲睡不着觉了，脑子里设计着院子的计划，首先要打口水井，圆我小时候家的梦，又起好了我这工作室的名字圆梦园。就这样，我一个人开始折腾了。说也奇怪，本来那认我老姐的李兵快一个月没了消息，我在想，社会人就那么回事吧，没想到还真有缘，当我刚租好这里第三天去工作室那里，真是巧了，本不想理他了又遇到了，他问我干嘛去，我就告诉他了，李兵下车和我一同看看我租的地方，他还像个老弟的样子要帮我做点事。后来我把我要搭个架子种葫芦的想法告诉他，这个老弟还真够意思，二话没说主动去找人。就这样第四天，我的小朋友黄江，找过来打井的时候，这阿弟找来搭架子的人也来了，我买了竹子竿备好了料，小院子里好不热闹，好气派的场面，满院子干大工程似的，热闹气氛人车满院，我一个老太太在指挥着，都是按我的意思来做的，院里大型三轮车拉着工具，摩托车好几辆，敞开的大门，可老伴儿不知道我在忙啥，我也没告诉他，如果告诉他又会和我吵架生气，我一生都是这样过来的，我想等我搞好了像个样子了再和他讲就好一些。我一个人指挥着这里，一上午的时间两个重要工程，在按我的意愿全部完工，我虽累但很兴奋，那老弟很懂事又帮我把后院的小门找人做了安好，我很感谢他，也感谢上天安排的天使来帮我，后来画了一小幅画送老弟供他收藏，他很高兴，我心里也了去了一份心意。忙了两天还是让老伴儿看出来了，我老伴儿发现我很累，就问我："你早去晚归的是不是有事瞒着我呀，我心想看起来瞒不住了便全盘托出，只见他气得和往常一样，听说后马上发起凶神般的脾气来。"你的腰又不疼了是吧"。这也是我料到的，老伴儿一贯是这样的，但过后他做事还是依着我的，虽说他不管不帮我，也是他有他的事在忙，也无法来帮我的，他从不喜欢花花草草的，不太反对我也就幸福了，也就算支持我了，我也独立惯了，习惯了这一切。

当天就完工了，一口井打好了可井水不清，那师傅说得过一个月可以，需要一个水泵抽，就这样我又买来了水泵，共计花了一千五百元，心想为了圆了小时候的梦我认了。看着这两样主要工程一天完工我很兴奋，但满院子的杂草不少，我那李兵老弟还真够意思，第二天找来朋友帮我撒的除草剂，就这样一个星期过去了，我望着我的小庄园设计着规划着，要把两边种上菜再种上几棵果树，我买来了玉米、豆角、黄瓜、胡萝卜等种子，我按着草可以做肥料的原理，兴致勃勃地开始硬着头皮当起了农民开荒种地，把泥土和草同时翻起，像小时候那样搞了一个个垄沟，忙了半个多月把买来的种子都一一种了下去，手起了大水泡破了后又起了老茧，就这样我还是心里很快乐。广东的冯国强朋友听说我喜欢葫芦，就在网上给我买来美国的葫芦种子寄了过来，我又向当地的好友要来了葫芦种子，都种在了那可爱的事先准备好的葫芦架下。就这样我每天起早晚归忙碌着我的圆梦园，虽说每天累得疲惫不堪，可心里充满了快乐和憧憬。我的圆梦园工作室让我兴奋得每天都有新的计划实行，虽然从早忙到晚很累但很快乐，我在阳台上前两个月当鸟养着的小鸡已长成有了公鸡的模样，我给它搞了个院子，有一天我清晨六点去了工作室，我听到了第一声没有成熟的小公鸡那嘶哑的啼叫，那声音把我乐得哈哈大笑起来，不知道还以为我是个神经病，心想太好了，这里有生命啼叫的声音在陪我了。两个月后小公鸡长成了大公鸡，我又买来了几只母鸡，更热闹了，母鸡下蛋了，咯咯的叫声，院子里凑满了农家生活气息的乐章。我说我喜欢会说话的小鸟，就有两位朋友们送过来两只海南八哥的一种鹩哥。我又要来了一只小狗，因为我上中学时养过一只起名叫大虎的狗，小时候这大虎竟然一次跟着我上学去了，我当时看到大虎跟我来学校了就怕了，怕老师说我，就急了喊大虎赶快回家去，连喊几声就这样大虎下楼了。我上课都没上好，挂念它是否能回家，太远了有七八站地呢，放了学了我飞快地往家跑，到家一看，让我惊喜万分大虎它已安全回来了。后来城市里不让养狗，就这样给了邻居朝鲜人吃肉了，我一直很想它，觉得对不起它，因此我又要了个和大虎很像的小狗，叫它小虎，给他打了预防针，小狗活泼可爱，可有一天来送煤气罐的来了，它兴奋地在我脚下跳来跳去忙来跑去的，无意中牙齿把我的脚脖子刮出了血，没辙我去打预防针了。后来我想我的外孙们来了可不得了，还是把它送了回去，无缘养了还不到两个月。

与老伴儿在工作室门前

　　我的头脑每天都会有新的想法，每当我清晨一开工作室圆梦园大门时，就会有很快乐兴奋的感觉，就会听到公鸡、母鸡、小鸟的叫声。当我每天看着满院子的生机每时每刻在神奇地变化着，我好像也在成长，于是兴奋快乐。我又在房门前雨搭铁架上安装了秋千，是在垃圾站捡来的一个废弃双人木椅子的靠背，我买来铁链和绳子就独自忙起来，这个秋千挺不错的我特喜欢，自己都佩服自己真能干，没事时荡荡很不错。我的圆梦园更丰富了，孩子们来了也好玩玩，心里别提有多快乐了。我每天都盼着一觉睡到天亮，好早一点去圆梦园工作室的庄园忙活，几乎每天都有前来拜访客人，常常大门前停着不同的车辆，有轿车、摩托车、大车、小车，哈哈，有送我鱼的有送我虾的，冰箱里总是满满的。这里文昌东郊镇上的快递韵达、顺丰、中通、圆通、邮政都认识我了，因为我全国各地的有缘友人，都敬仰很爱我，把我吴凡当成亲人般的朋友，常常给我寄特产来。安徽的汪建平是九华山的山寨寨主，是我民盟的朋友，还有一位民盟朋友也是安徽的麻醉医生焦学恒，学恒把家里的桃子黄的、红的、绿的、白的各种颜色的告诉我，说我一定喜欢让我品尝，从安徽快递寄来海南，可到了这里我们都太失望了，全烂了一个颜色了，心痛得我都快哭了。学恒不甘心，又让他老妈给我做成了桃罐头像包小娃娃似的，小心地寄了过来，终于让我品尝到了他家果树果子的味道，他才心里舒服了，真让我好感动。九华山汪建平把他可爱的三岁小女儿果果打扮成我的样子，把头梳理了两条小辫子，哇，好像我呦，我太激动了，太可爱了。建平常常给我寄来特产，有了像亲人一样的全国各地的好友们常常寄来他们的心意，平日里在百忙中间候我，我很快乐；再加上当地海南的朋友们的关照，常常我的圆梦园工作室大门前，总会停留下各种各样的小轿车、摩托车等，不是快递就是有来访者。我的圆梦园经过我努力种的菜，苞米和葫芦已爬满了架，绿色的植物每天都在成长着，我的小鸟会说话了叫妈妈叫姥姥，我又买来小鸭还买来了可爱的琼海会飞的加积鸭，太可爱了，美丽极了，它的嘴上有个红冠子，很特别。我的海陆空小动物们，每天和满院子的植物一同成长着，一天一个样，小鸭子也长成大鸭子了，我把它们放在院子里，摇摇摆摆的好可爱，我每天都会起来去为它们服务，看着它们的成长变化开心极了。我现在成了圆梦园的公仆，平日里反过来了，画画弹琴常常要挤时间来做。我又收了个学生，这样我每天时间安科得满满的，还常常要接待来访客人。我的田园生活让我充满了快乐，每当我独自弹古筝琴时，随着音乐《春江花月夜》的曲子望着我的圆梦园，满园的生机可爱的葫芦娃神奇的只给我剩下了七个漂亮地挂在架上，鸭子们嘎嘎地叫着一摆一摆地走在院子里，小鸟随着我的曲调舞蹈着，小松鼠常常赖在葫芦架上跑来跑去，还有啄木鸟、八哥及各种鸟和蝴蝶飞来飞去舞动在我面前，使得我不知自己是在何方，仿佛如梦中。有时独自弹琴时，在这里梦一般的大自然中，自己在想这是在天上还是在人间，好快活幸福。一晃又过了两个月，外孙女快放假了，女儿很孝顺，七月份来了一次，这回女儿说要带娃们来陪陪我们，我兴奋极了，我一天一天数着日子盼望着女儿和外孙女外孙子的到来，终于盼望的还有两天就要到了，我开始兴奋地睡不着觉了，想着怎样把圆梦园搞得

在海口雨诗古筝艺术中心弹古琴

让孩子们玩得更开要心，又安全地把秋千挪了个地方，为了让娃们和小鸭子能在院子里自由自在地玩耍，小鸭子吃不着我的菜，我又利用这两天干了个大工程，把两边的菜地买来铁丝网和木板圈了起来，又艺术又更有农家庄园的感觉了。虽然我累得如同搞创作一样难，可我坚持再坚持，搞成功了虽说累得筋疲力尽的，可当自己看到理想的庄园，别提多有成就感了，高兴满足。这是2016年1月14号，我一早就起来去早市买来好多好吃的备好，九点去了机场，中午把女儿和外孙女外孙子接了回来，一路上兴奋的娃们总在问到没到呀，先到了圆梦园工作室吃饭，我为孩子们下了鲍鱼面，北方的规矩接风的面，送行的饺子，喽孩子们的到来圆梦园里热闹起来。

每天小鸟叫妈妈叫姥姥，娃们也在教小鸟说话。娃们常常追着鸭子们嘎嘎地叫着跑来跑去，两娃们边荡着秋千边听到娃们说着笑着，不断的笑声在我耳边，外孙女外孙子自来到海南，在我圆梦园工作室就没睡过午觉，快乐的雨天打着伞还在院里玩耍，叫都叫不回来，在园里的小沙丘上用玩具小桶小锹挖沙，用小桶浇菜园子采摘，把西红柿、茄子摘完了，把茄子花都给我采摘了。哈哈，娃们开心极了，我每天换着样的做好吃的鱼呀虾呀，我的友人们听说我女儿和孩子们来了，送来好吃的鱼虾、椰子，丰富极了，两个冰箱都满满的。快乐的田园生活好快乐，我好幸福，虽说累些可幸福满满的。日子更加飞快地过去了，还没有亲够呢，孩子们又要回北京了，我要用我种的韭菜来包三鲜馅饺子为孩子们回北京吃。

我其实自己晓得是自己感到了年龄大了，越来越贪恋这个美好的世界，好想好好珍惜人间生活。也是我酷爱大自然的缘故吧，因此我特珍惜每一天我的田园生活，很快乐很满足。常把我的圆梦园工作室的每个变化，都发到微信群里和大家分享快乐。我三姐家的女儿周明慧对我说："五姨，你可写一本书了，叫《快乐的田园生活》。"我就听我外甥女的，这收尾自传就是我快乐的田园生活。我回忆起我的这辈子，虽说苦与磨难多于甜，死里逃生可我没死，我努力把人生的能量发挥出来，活得更精彩。我做到了不管别人怎么去看，我给后人留下精彩的个人风格的创作。即使当我像一片枯叶不得不离开时，我无遗憾。